日本史〔近現代史〕
歴代内閣 図解整理 ハンドブック

著：福山浩麿（代々木ゼミナール講師）

AN ILLUSTRATED HANDBOOK OF JAPANESE CABINETS

本書の特長

■歴代内閣を1本の軸にして整理した参考書!

近現代史は受験勉強において後回しになりがちで
学習時間も多くはかけられず、苦手な学生も多い範囲です。
本書はそんな近現代史を、歴代内閣を一本の軸として、
それぞれの内閣の時代に政治・外交・経済などで何があったのか、
整理しなおした参考書です。

■全ページフルカラーで、歴代総理や閣僚のイラストなどを掲載!

各内閣の時代の重要な人物・出来事が、
図解によって一目でわかります。
また、内閣制度発足以前の内容や、
いくつかの内閣をまたいで重要となる内容は、
「歴史の流れがわかる図解まとめ」で説明しています。

■実際の大学入試問題・オリジナル問題も掲載!

「入試ではこう出る」として、その内閣について、
実際に大学入試で出された問題や
著者のオリジナル問題を掲載し、
知識の確認と定着をはかることができます。

※本書で扱っている歴代内閣の在任期間は、
　首相官邸ホームページの記載に即しています。
　　内閣制度と歴代内閣:http://www.kantei.go.jp/jp/rekidai/index.html

本書の構成

● 本書では各内閣を、「総理大臣の略歴、重要閣僚・重要事件の図解」、
「当時の世の中」、「関連人物・事件」、「入試ではこう出る」
などで説明しています。

● 「重要閣僚・重要事件の図解」で掲載している閣僚は、
高校日本史の学習上において、とくに重要な人物のみになります。
また、名前横のアイコンは、その閣僚の出身地や経歴を示しています。

（薩…薩摩出身　長…長州出身　土…土佐出身　肥…肥前出身
紀…紀伊出身　幕…幕臣出身　公…公家出身　官…官僚出身　など）

重要事件の文字の色の使い分けは以下のようになります。
緑…政治史　青…外交史　橙（だいだい）…社会経済史　紫…文化史

● 「当時の世の中」ではその内閣の時の出来事などを解説しています。
最後の「point」欄では重要な点を箇条書きでまとめています。
「関連人物・事件」では、その内閣に関する
重要な出来事や人物についてさらに詳しく解説しています。
「入試ではこう出る」では、実際の大学入試問題や、
著者のオリジナル問題を掲載しています。

● また随所に歴代内閣の知識をさらに深めるコラムを設けています。

● 「歴史の流れがわかる図解まとめ」は、
左ページが図解、右ページが解説となっています。
この部分の矢印の意味は、主に以下のようになっています。

時間の経過、流れなどを示します。　　出来事などの結果を示します。

相互関係や、関連性などを示します。　争い・敵対関係・攻撃などを示します。

もくじ

本書の特長・本書の構成 ……………………………………………………… 2

幕末・明治時代

　［歴史の流れがわかる図解まとめ］幕末の動向① ……………… 8
　［歴史の流れがわかる図解まとめ］幕末の動向② ……………… 10
　［歴史の流れがわかる図解まとめ］明治初期の政策 …………… 12
　［歴史の流れがわかる図解まとめ］立憲体制─民権運動① …… 14
　［歴史の流れがわかる図解まとめ］立憲体制─民権運動② …… 16
第1次伊藤博文内閣 …………………………………………………… 18
黒田清隆内閣 …………………………………………………………… 22
　［歴史の流れがわかる図解まとめ］立憲体制─大日本帝国憲法 … 24
第1次山県有朋内閣 …………………………………………………… 26
第1次松方正義内閣 …………………………………………………… 30
第2次伊藤博文内閣 …………………………………………………… 34
第2次松方正義内閣 …………………………………………………… 38
第3次伊藤博文内閣 …………………………………………………… 40
第1次大隈重信内閣 …………………………………………………… 42
第2次山県有朋内閣 …………………………………………………… 46
第4次伊藤博文内閣 …………………………………………………… 50
　［歴史の流れがわかる図解まとめ］議会政治 …………………… 52
第1次桂太郎内閣 ……………………………………………………… 56
第1次西園寺公望内閣 ………………………………………………… 60
第2次桂太郎内閣 ……………………………………………………… 64
第2次西園寺公望内閣 ………………………………………………… 68

大正時代

第3次桂太郎内閣 ……………………………………………………… 70
第1次山本権兵衛内閣 ………………………………………………… 72
第2次大隈重信内閣 …………………………………………………… 74
寺内正毅内閣 …………………………………………………………… 76
　［歴史の流れがわかる図解まとめ］大正期の外交① …………… 78

[歴史の流れがわかる図解まとめ] 大正期の外交② ……………………… 80
[入試ではこう出る] 第3次桂太郎内閣～寺内正毅内閣 ……………………… 82
原敬内閣 ……………………………………………………………………… 84
高橋是清内閣 ………………………………………………………………… 88
[歴史の流れがわかる図解まとめ] 大正期の外交③ ……………………… 90
加藤友三郎内閣 ……………………………………………………………… 92
第2次山本権兵衛内閣 ……………………………………………………… 94
清浦奎吾内閣 ………………………………………………………………… 96
第1・2次加藤高明内閣 …………………………………………………… 98
[歴史の流れがわかる図解まとめ] 大正デモクラシー① …………………102
[歴史の流れがわかる図解まとめ] 大正デモクラシー② …………………104
第1次若槻礼次郎内閣 ………………………………………………………106

昭和時代（戦前）

田中義一内閣 …………………………………………………………………108
[歴史の流れがわかる図解まとめ] 金融恐慌 ………………………………110
[入試ではこう出る] 第1次若槻礼次郎内閣～田中義一内閣 ……………112
浜口雄幸内閣 …………………………………………………………………114
[歴史の流れがわかる図解まとめ] 1920年代の外交 ……………………118
第2次若槻礼次郎内閣 ………………………………………………………120
犬養毅内閣 ……………………………………………………………………122
[歴史の流れがわかる図解まとめ] 昭和恐慌 ………………………………126
斎藤実内閣 ……………………………………………………………………128
岡田啓介内閣 …………………………………………………………………130
広田弘毅内閣 …………………………………………………………………132
[入試ではこう出る] 斎藤実内閣～広田弘毅内閣 …………………………134
林銑十郎内閣 …………………………………………………………………136
第1次近衛文麿内閣 …………………………………………………………138
平沼騏一郎内閣 ………………………………………………………………142
阿部信行内閣 …………………………………………………………………144
米内光政内閣 …………………………………………………………………146

第2次近衛文麿内閣 ………………………………………………… 148
　　［歴史の流れがわかる図解まとめ］ファシズム体制 ………… 152
　　［歴史の流れがわかる図解まとめ］日中戦争 …………………… 154
　第3次近衛文麿内閣 ………………………………………………… 156
　東条英機内閣 ………………………………………………………… 158
　　［歴史の流れがわかる図解まとめ］日米戦争への道 ………… 162
　小磯国昭内閣 ………………………………………………………… 164
　鈴木貫太郎内閣 ……………………………………………………… 166

昭和時代（戦後）

　東久邇宮稔彦内閣 …………………………………………………… 168
　幣原喜重郎内閣 ……………………………………………………… 170
　第1次吉田茂内閣 …………………………………………………… 172
　片山哲内閣 …………………………………………………………… 174
　　［入試ではこう出る］幣原喜重郎内閣～片山哲内閣 ………… 176
　芦田均内閣 …………………………………………………………… 178
　第2次吉田茂内閣 …………………………………………………… 180
　第3次吉田茂内閣 …………………………………………………… 182
　第4・5次吉田茂内閣 ……………………………………………… 186
　第1・2次鳩山一郎内閣 …………………………………………… 190
　第3次鳩山一郎内閣 ………………………………………………… 194
　石橋湛山内閣 ………………………………………………………… 198
　第1・2次岸信介内閣 ……………………………………………… 200
　第1～3次池田勇人内閣 …………………………………………… 204
　第1～3次佐藤栄作内閣 …………………………………………… 208
　第1・2次田中角栄内閣 …………………………………………… 212
　三木武夫内閣 ………………………………………………………… 216
　福田赳夫内閣 ………………………………………………………… 218
　第1・2次大平正芳内閣 …………………………………………… 220
　鈴木善幸内閣 ………………………………………………………… 222
　第1～3次中曽根康弘内閣 ………………………………………… 224

竹下登内閣 …………………………………………………………… 228
　［歴史の流れがわかる図解まとめ］戦後経済の動向 …………… 230

平成時代

宇野宗佑内閣 …………………………………………………………… 232
第1・2次海部俊樹内閣 ………………………………………………… 232
宮沢喜一内閣 …………………………………………………………… 232
細川護熙内閣 …………………………………………………………… 233
羽田孜内閣 ……………………………………………………………… 233
村山富市内閣 …………………………………………………………… 233
第1・2次橋本龍太郎内閣 ……………………………………………… 234
小渕恵三内閣 …………………………………………………………… 234
第1・2次森喜朗内閣 …………………………………………………… 234
第1〜3次小泉純一郎内閣 ……………………………………………… 235
第1次安倍晋三内閣 …………………………………………………… 235
福田康夫内閣 …………………………………………………………… 235
麻生太郎内閣 …………………………………………………………… 236
鳩山由紀夫内閣 ………………………………………………………… 236
菅直人内閣 ……………………………………………………………… 236
野田佳彦内閣 …………………………………………………………… 237
第2次安倍晋三内閣 …………………………………………………… 237
　［入試ではこう出る］平成時代の内閣 ………………………………… 238

編集担当：岡崎有里
編集協力：株式会社友人社、栗原展子
本文デザイン・図版：株式会社明昌堂
本文イラスト：作間達也

歴史の流れがわかる図解まとめ

幕末の動向①

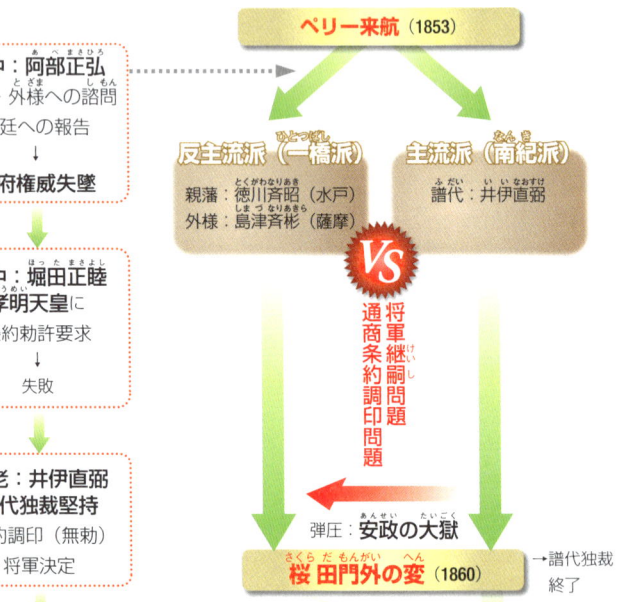

『歴代内閣 図解整理 ハンドブック』≪正誤表≫

　この度は『歴代内閣 図解整理 ハンドブック』をお買い上げいただき、誠にありがとうございます。
　大変恐縮でございますが、誤りがございましたので、下記の通りご訂正の上ご利用いただきますよう、よろしくお願い申し上げます。ご迷惑をおかけいたしましたこと、深くおわび申し上げます。

旺文社　編集部

▼8ページ　図版　右下　　誤「雄藩」→正「雄藩<u>など</u>」
▼47ページ　Point　4行目
　誤「労働組合期成会解体」→正「労働組合期成会<u>衰退</u>」
▼48ページ　治安警察法　4行目
　誤「活動停止に」→正「<u>衰退し</u>活動停止に」
▼77ページ　9行目　誤「1917年2月」→正「1917年<u>3</u>月」
　年表　1行目　誤「．2 ロシア革命」→正「．<u>3</u> ロシア革命」
▼97ページ　6行目
　誤「政党勢力から入閣」→正「政党勢力<u>の協力</u>」
▼164ページ　図版　吉田茂のイラストをとる
▼205ページ　5行目
　誤「経済政策を優先する政策が可能となりました」
　→正「<u>革新勢力との対立を避け経済政策を優先しました</u>」
▼213ページ　2行目　誤「総裁」→正「総裁<u>選</u>」
▼230ページ　図版　「日本列島改造計画」は72～4年のピンク色の帯を指す

解 説

　アヘン戦争（1840〜42）・**南京条約**（1842）は、東アジア諸国を震撼させました。清の敗北と不平等条約の調印は、イギリスをはじめとする**欧米列強による植民地支配の危機**が、近い将来に日本に及ぶことを示唆していました。しかし、幕府は異国船打払令を改め「薪水給与令」を出すだけで、具体策を講じませんでした。

　1853年、アメリカ使節**ペリー**が浦賀に、ロシア使節**プゥチャーチン**が長崎に来航しました。対応に際し、老中**阿部正弘**が親藩・有力外様への諮問、朝廷への報告をおこなったため、幕府権威を失墜させました。

　これを機に水戸藩などの親藩、薩摩藩などの有力外様勢力は、将軍継嗣問題を含めて**反主流派**を形成し、次期将軍として一橋慶喜（前水戸藩主**徳川斉昭**の子）を推したことから**一橋派**と称され、譜代勢力の**主流派**と対立しました。譜代勢力は、権力維持のため将軍候補に年少の紀伊藩主**徳川慶福**を推したことから**南紀派**と称されました。

　来日したアメリカ総領事ハリスは、通商条約調印を強く迫りました。対応に行き詰まった老中**堀田正睦**は**孝明天皇**の勅許を得ようとしましたが、失敗に終わりました。このことは、いっそうの幕府権威の失墜と、天皇権威が政治に大きく関わることを認識させました。

　大老**井伊直弼**は、**譜代独裁の方針**を貫き、14代将軍を慶福（**家茂**）に決定、無勅のまま**日米修好通商条約**調印を実現しました。一橋派らがこれに強く反発したため、**安政の大獄**と称された大弾圧が起こり、徳川斉昭らは事実上失脚しました。

　これに対し、脱藩した水戸浪士らが井伊を暗殺しました（**桜田門外の変**、1860）。この事件は、幕府衰退を内外に露呈しました。

　事件後、主流派と反主流派は接近、**天皇権威利用による幕藩体制の存続をはかる公武合体策**を進めました。後継の老中**安藤信正**は**家茂**と孝明天皇の妹**和宮**との結婚を実現させ、天皇権威利用による幕政運営を試みましたが、反発した勢力に襲撃され失脚しました（**坂下門外の変**、1862）。

幕末の動向① 9

歴史の流れがわかる図解まとめ

幕末の動向②

1862	.1 坂下門外の変 ⇒譜代・旗本政策放棄
	.2 家茂・和宮婚儀挙行
	.4 寺田屋事件
	.7 文久の改革
	.8 生麦事件
	.12 長州藩、イギリス公使館焼打ち事件

1863	.3 家茂上洛（230年ぶり）
	.5 長州藩外国船砲撃事件
	.7 薩英戦争
	.8 八月十八日の政変
	（公薩摩・会津→追放→尊長州・急進派公家）

1864	.6 池田屋事件（公新撰組、尊攘派襲撃）
	.7 禁門の変（公薩摩・会津 VS 尊長州）
	第一次長州征討
	.8 四国艦隊下関砲撃事件

1865	.3 長州藩⇒尊王討幕
	.4 第二次長州征討布告→延期
	.9 列強、兵庫沖に艦隊派遣
	.10 孝明天皇、通商条約勅許

1866	.1 薩長連合（同盟）(秘密同盟) 成立
	.5 改税約書調印（兵庫開港延期）
	.6 第二次長州征討実施（家茂病没⇒慶喜）[～8]
	.12 孝明天皇崩御（⇒明治天皇）

1867	.10.14 討幕の密勅（後日判明）←岩倉具視画策
	大政奉還の上表
	.12.9 王政復古の大号令
	三職の設置（摂関・幕府廃止）
	小御所会議（慶喜の辞官納地）
	↓←旧幕府側反発・交渉決裂
	戊辰戦争（1868.1～69.5）

薩摩 攘夷不可能認識
藩主勢力後退
⇒西郷隆盛・大久保利通ら下級武士が藩政に参加
⇒藩論を開国進取・討幕に転換

長州 攘夷不可能認識
→長州藩、幕府に恭順
⇒高杉ら尊王討幕を主張
⇒奇兵隊などを動員、藩政奪取

坂本竜馬・中岡慎太郎
（土佐藩）の仲介により、軍事同盟の密約成立
⇒討幕勢力が結集

英米仏蘭と調印
関税:約20%→5%
⇒経済危機加速

大政奉還の上表
→公議政体論
　（実質的に公武合体）
王政復古の大号令
→公議政体阻止、
　武力討幕画策

解 説

　幕政を批判していた攘夷主義者と尊王派は結びつき、**尊王攘夷派**（以下、尊攘派）と呼ばれるようになり、中・下級武士勢力を中心に**討幕および新体制構築**を主張しました。これを主導したのが、**吉田松陰**の弟子**高杉晋作**らを中心とした長州藩でした。

　坂下門外の変後、雄藩主導による政権運営を画策する薩摩藩藩主後見役**島津久光**は幕政に関与し、勅使をともない**文久の改革**を実現しました。これは事実上一橋派の復権を意味しました。松平慶永は政事総裁職、松平容保は京都守護職、一橋慶喜は将軍後見職となりました。

　1860年代前半の段階では、薩摩藩は公武合体勢力の中心、長州藩は尊王攘夷派の中心であったことを理解しておかなくてはなりません。

　対立関係にあった両藩は、列強の軍事力を見せつけられる事態におちいります。薩摩藩は、**生麦事件**（1862）の報復として鹿児島湾でイギリス艦隊の攻撃を受け（**薩英戦争**、1863）、長州藩は、外国船砲撃（1863）の報復としてイギリスを中心とした列強の攻撃を受けました（**四国艦隊下関砲撃事件**、1864）。

　列強の国力を認識した両藩は、坂本竜馬らの仲介による**薩長連合（同盟）**（1866.1）を成立させ、新体制構築への動きを強めます。これに対し列強は軍事圧力を強め、**通商条約勅許**、続く**改税約書**調印でわが国の経済危機をいっそう加速させました。

　幕府は2度の長州征討を実施しましたが、家茂急死を機に撤退し、事実上敗北しました。朝廷内は、孝明天皇崩御・明治天皇即位により、武力討幕の方針で一本化されました。

　幕府は討幕勢力の機先を制するため、公議政体論をとる**大政奉還**（1867.10.14）をおこないましたが、討幕派は**王政復古の大号令**（1867.12.9）でこれを阻止しました。また、同日の**小御所会議**で慶喜の**辞官納地**（＝新政権からの排除）を決定し、両勢力は決裂、**戊辰戦争**（1868.1～69.5）が始まりました。

歴史の流れがわかる図解まとめ
明治初期の政策

■政治体制 = 中央集権国家体制確立

五箇条の誓文（1868.3.14）…新政府の方針、起草：由利公正、
修正：福岡孝弟、加筆：木戸孝允

五榜の掲示（1868.3.15）…民衆支配の方針（キリスト教禁止など）

江戸城総攻撃予定（1868.3.15）→中止、**江戸城無血開城**

政体書（1868.閏4）…政府新体制、アメリカの制度の模倣

版籍奉還（1869）…薩長土肥4藩主率先、旧藩主は知藩事に

廃藩置県（1871）…御親兵組織（薩長土）
知藩事罷免→東京強制移住、3府302県成立（1871）
成功理由：旧藩の債務・旧藩士への家禄支給→政府負担

戊辰戦争
（1868.1〜69.5）

明治初期の三大改革

地租改正条例（1873） ⇔ **徴兵令**（1873） **学制**（1872）

…近代税制確立
1872 地券公布（所有者）
1873 地租改正条例公布
　　地租：地価3%
1876 **地租改正反対一揆**
1877 地租：地価2.5%

…近代軍制確立
（フランスの制度導入）
1872 徴兵告諭
1873 徴兵令公布
徴兵：満20歳、兵役：3年間
→徴兵反対一揆（血税一揆）

…義務教育制度構想
※実現は1886年の
　学校令

■経済政策 = 工業国家建設

殖産興業 → **産業革命** ⇔ **社会運動**

■外交政策

対欧米
条約改正　文明・文化の摂取元

対東アジア
積極進出 → **市場の拡大**

解 説

　大政奉還・**王政復古の大号令**により、形式的には江戸幕府は消滅しました。しかし、新政府は旧勢力を軍事的に制圧することを画策したため、内戦状態となりました（**戊辰戦争**）。

　内戦中に、新政府の方針である**五箇条の誓文**（1868.3）を出し、**江戸城無血開城**を実現したものの、列強の軍事的脅威もあり新体制構築が急務となりました。新政府の主要メンバーは公家の三条実美・岩倉具視を除き、雄藩出身の中・下級武士出身者で占められました。新政府はまず、天皇の住居を江戸城とし事実上の遷都を実現、朝廷勢力との切り離しをおこないました。

　新政府の当面の課題は、①政治体制：**中央集権国家体制確立**、②経済政策：**工業国家建設**（**殖産興業**政策⇒**産業革命**）、③外交政策：対欧米→**条約改正**（不平等条項撤廃）・対東アジア→市場の拡大でした。そこで、旧体制完全消滅のため、**版籍奉還**の実施（1869）後、**廃藩置県**（1871）を実現しました。

　廃藩置県直後には、太政官三院制に官制を変更し、欧米諸制度を規範とした新体制を構築します。そして政府財源の安定のため**地租改正条例**（1873）により近代税制を、国民皆兵を目指した**徴兵令**の施行（1873）により近代軍制を確立しました。また、国民皆学を目指した義務教育制度構想である**学制**（1872）を実施しました。

　しかし地租は以前の負担と同じであり、また新体制諸制度は国民の負担を増大させるものとなったため、**地租改正反対一揆、徴兵反対一揆＝血税一揆**などの反対運動が起こりました。

　新政府の中心的人物となった薩摩藩の**大久保利通**らは急速な制度構築こそが「**列強による植民地支配**」を阻止すると考え、独裁的ともいえる方針で諸政策を推進します。これに対して特権を失いつつあった旧武士＝士族や、負担が増大した民衆の不満は高まり、反政府運動へと発展していきました。

明治初期の政策

立憲体制―民権運動①

歴史の流れがわかる図解まとめ

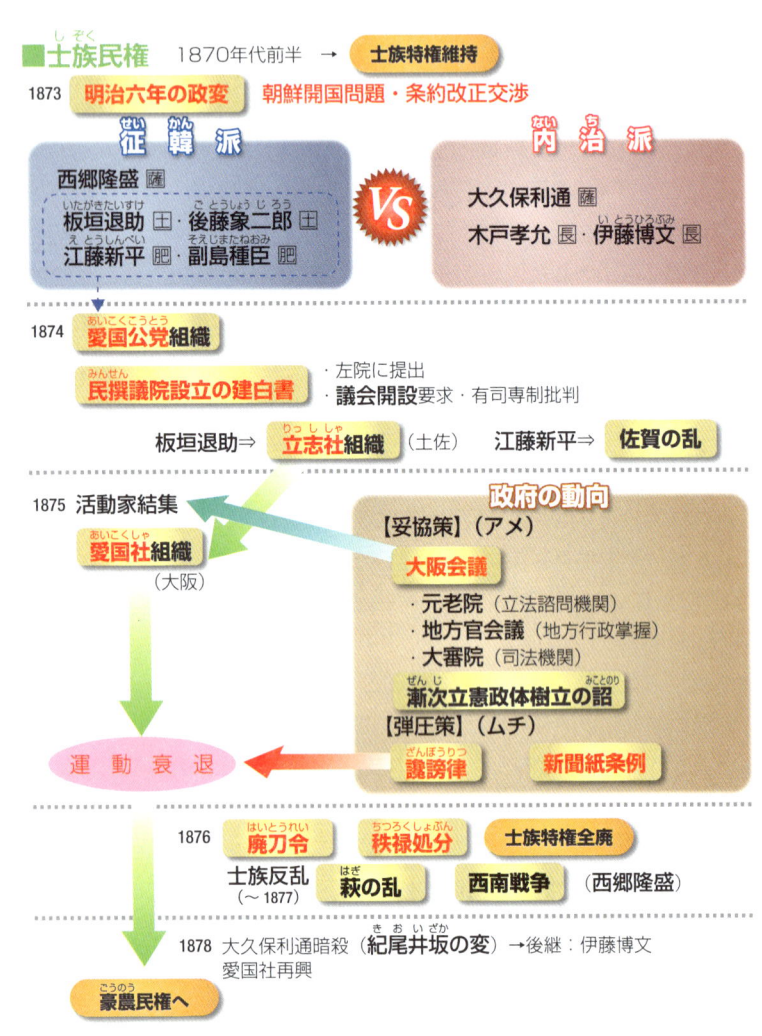

解説

政府の諸政策に対し、士族・民衆の不満は**自由民権運動**と称された反政府運動へと発展しました。運動は、中心となった勢力により、「**士族民権**」・「**豪農民権**」・「**農民民権**」と区分されます。

「**士族民権**」は新政府の政策に不満をもった士族らが中心でした。**明治六年の政変**（1873）で、薩長土肥勢力が分裂します。下野した征韓派参議の土佐勢力**板垣退助**・**後藤象二郎**、肥前勢力**江藤新平**・**副島種臣**は、東京で**愛国公党**を組織（1874）し、太政官左院に「**民撰議院設立の建白書**」を提出、大久保利通らの「有司専制」を批判して、**議会開設**を要求しました。しかし、これは士族特権の維持を求めたもので、民衆の共感を多く得ることはありませんでした。

江藤は不平士族らと武装蜂起するものの、とらえられ斬首されました（**佐賀の乱**）。一方、板垣は高知で**立志社**を組織し、全国的な運動の準備を大阪で始めました。

大久保利通は運動拡大阻止のため、板垣・木戸孝允らと会談しました（**大阪会議**）。板垣は**愛国社**を組織して対抗の姿勢を見せ、**元老院**・**大審院**・**地方官会議**設置、**漸次立憲政体樹立の詔**発布を実現させました。大久保はこのような**妥協策**と**弾圧策**（「**アメとムチ**」）で反対派の分裂・運動衰退を狙いました。他の妥協策としては板垣の参議復帰、弾圧策としては**讒謗律**・**新聞紙条例**制定、**出版条例**改正を行い、それを実現しました。

運動衰退後、大久保は、士族特権の全廃に着手し、**廃刀令**・**秩禄処分**（1876）を実施しました。その直後、士族の不満が爆発し、九州での神風連の乱・秋月の乱、長州勢力による**萩の乱**、薩摩で**西郷隆盛**による**西南戦争**も起こりました。しかし、政府はすべての乱を鎮圧しました。

またこの動きに対し、民衆は**地租改正反対一揆**を起こし（1876）、地租引下げ（**2.5％**）を実現させました（1877）→p.12。

政策を主導した大久保は、1878年に不平士族に暗殺され（**紀尾井坂の変**）、政府・反政府運動も新たな局面を迎えることになりました。

立憲体制－民権運動①

歴史の流れがわかる図解まとめ
立憲体制―民権運動②

■**豪農民権** 1870年代後半〜 → 国会開設運動

1880 国会期成同盟（←愛国社） ⇐ 集会条例 （弾圧策）

1881 開拓使官有物払下げ事件 ・開拓使（長官：黒田清隆 薩）
関西貿易社（社長：五代友厚 薩）

[背景]

明治十四年の政変　即時国会開設派 **大隈重信** VS 漸次国会開設派 **伊藤博文**

国会開設の勅諭 →払下げ中止、大隈重信罷免

⇒ 政府：**政府主導による立憲体制構築**、民権派：政党結成・私擬憲法発表

政党結成　**自由党**（1881）　　**立憲改進党**（1882）　　**立憲帝政党**（1882）
・国会期成同盟が母体　・大隈重信ら　　　　　・福地源一郎、政府主導

松方財政　・蔵相松方正義、緊縮財政

■**農民民権** 1880年代前半→激化事件　　■**政府の動向**

1882 福島事件（最初の激化事件）　　　1882 伊藤博文渡欧
1884 加波山事件　　　　　　　　　　　1884 制度取調局設置、憲法草案起草
　　自由党解党　　　　　　　　　　　　　　（伊東巳代治、井上毅、金子堅太郎）
　　秩父事件（最大の激化事件）　　　　　華族令制定
　　立憲改進党活動停止　　　　　　　　1885 **内閣制度** →宮中・府中の別
1885 大阪事件　　　　　　　　　　　　1886 学校令、義務教育制度確立
　　　　　　　　　　　　　　　　　　　1887 **保安条例**
■**運動再燃・収束** 1880年代後半　　1888 市制・町村制、**枢密院**設置
1886 大同団結運動　　　　　　　　　　1889 **大日本帝国憲法**発布
1887 三大事件建白運動　　　　　　　　1890 府県制・郡制、第1回総選挙

第1回帝国議会 開催（1890）

16　明治時代

解 説

「士族民権」衰退後、運動は地主・商工業者を取り込んだ「**豪農民権**」に移行します。彼らは欧米の**市民革命**の影響を受け政治への関与を要求します。**愛国社**は**国会期成同盟**となり**国会開設運動**を展開しました。

大久保利通暗殺後、後を継いだ**伊藤博文**は、**集会条例**（1880）でこの運動を抑圧しました。政府内部では即時議会開設を主張する肥前の**大隈重信**と伊藤の意見が対立していました。そして**開拓使官有物払下げ事件**を機に運動が再燃し、**明治十四年の政変**が起こりました（1881）。

伊藤は妥協策として払下げを中止し「**国会開設の勅諭**」で10年後の議会開設を確約しました。同時に大隈派を排斥し、**政府主導による立憲体制構築**の道に進みました。議会開設を受け**国会期成同盟**を母体に**自由党**が結成され、大隈は福沢諭吉・三菱の支援を受け**立憲改進党**を結成しました。政府を支援する**立憲帝政党**も福地源一郎により組織されました。

大隈追放後、政府の財政政策を主導したのは、薩摩の**松方正義**でした。彼は徹底した**緊縮財政**（**松方財政**）を実施したため、多くの農民の困窮、階層分化をもたらしました。

そのため**貧農**を中心とした騒擾事件が各地で頻発し（**農民民権**）、福島事件（1882）、加波山事件（1884）に続いて**秩父事件**（1884）が起こりましたが、軍隊の出動により鎮圧されました。

伊藤は渡欧後、具体的な立憲体制整備の諸政策を進めていました。1885年、既存の太政官制度を廃止し、**内閣制度**を発足させ、伊藤が初代総理大臣に就任しました→p.18。ここで「**宮中・府中の別**」を明確にしたことは、反政府勢力に衝撃を与えました。

危機感を抱いた反政府勢力は**大同団結運動**（1886、提唱：星亨・推進：後藤象二郎）、**三大事件建白運動**（1887、推進：片岡健吉）→p.20をすすめますが、政府による後藤入閣・**保安条例**で抑えられました。

そして、**大日本帝国憲法**が**枢密院**での最終審議の後に発布され、1890年、**第1回帝国議会**が開かれました→p.26。

立憲体制—民権運動②

第1次伊藤博文内閣

明治① 1885.12〜1888.4

伊藤博文（1841〜1909）

長州藩出身。**松下村塾**に学び、高杉晋作、井上聞多（後、馨）らと討幕運動に参加。明治政府では大久保利通の死後、事実上の後継者となる。立憲体制確立に貢献し、初代首相就任、および**枢密院**初代議長・韓国**統監府**初代統監・貴族院初代議長・兵庫県初代知事を歴任。**立憲政友会**結成・初代総裁。元老。1909年暗殺される。

 外相 → 大隈重信 肥

井上馨 長

条約改正交渉

 ……内閣制度発足
(1885.12)

首相：伊藤博文 長

第1次伊藤博文内閣
(1885.12〜1888.4)

蔵相：松方正義 薩

文相：森有礼 薩
学校令 (1886.4)

内相：山県有朋 長
保安条例 (1887.12)
市制・町村制 (1888.4)

農商務相：谷干城 土

18 明治時代

当時の世の中

議会開設をふまえ、ヨーロッパで立憲体制を研究した伊藤博文は、帰国後、憲法制定事業に着手すると同時に政治体制を整備していきます。

1885年は、4月に朝鮮問題で清と**天津条約**を結び、大陸での勢力後退を余儀なくされるなど、難問が山積みの状態でした。そのようななか、同年12月、それまでの**太政官制度を廃し**、**内閣制度**を立ち上げ、伊藤みずから**初代総理大臣**となります。

ヨーロッパの多くの国が**立憲君主制**・**内閣制度**を採用していたことから、日本もこの制度を導入しましたが、後に発布される憲法で「**天皇大権**」が規定されたため、完全な立憲君主制とはいえないものでした。

ただ、内閣制度を導入したことは、わが国の立憲体制確立に大きく寄与しただけではなく、対抗勢力の民権派にも大きな衝撃を与え、その運動も変化を迫られました。

条約改正交渉については、**ノルマントン号事件**（1886）→p.20を契機に民衆の反発が強まりました。また、外相井上馨による**欧化政策**への反感や外国人判事任用への批判もあり、井上は辞任に追い込まれました。政府はその後、民権派の弾圧のため**保安条例**（1887）を出しました。

教育制度では、**学校令**（1886）→p.20を出し、文相の森有礼を中心に**義務教育制度の確立**に成功しました。

Point 第1次伊藤博文内閣

- ☑ 内閣制度発足（1885） ⇨ 立憲君主制の導入
- ☑ 条約改正交渉 ⇨ ノルマントン号事件（1886）、欧化政策などへの反感で挫折
- ☑ 保安条例（1887） ⇨ 民権派の弾圧

関連人物・事件

ノルマントン号事件

1886年10月、日本人乗客を乗せたイギリスの貨物船ノルマントン号が和歌山県沖で難破、座礁沈没した事件。船長以下、乗組員は全員脱出したが、日本人乗客は全員死亡。翌月、神戸のイギリス領事館は**領事裁判権**に基づき、船長以下全員に無罪判決を下した。この判決は日本国民に領事裁判権の不当性を認識させ、激しい反発を引き起こした。政府はイギリス側に要請し、再度審判がおこなわれたが、船長に禁錮刑が下されただけで賠償金は支払われなかった。このことは、**大同団結運動**でもとりあげられ、**三大事件建白運動**においては外相井上馨の外交姿勢が徹底的に批判された。この動きに対し翌1887年**保安条例**が出され、活動家は東京から排除された。

大同団結運動・三大事件建白運動

政府の弾圧により衰退状態であった民権運動は、内閣制度創設により新たな局面を迎えた。1886年、**星亨**が大同団結を提唱し議会開設に向けた運動を開始し（**大同団結運動**）、1887年には**後藤象二郎**が中心となって運動を推進した。同年、**片岡健吉**が主導した**三大事件建白運動**も盛り上がりを見せた。この運動では**ノルマントン号事件**への対応、政府の条約改正案に不満をもった片岡らが政府に対して、①**言論の自由確立**、②**地租軽減**、③**外交の回復**を内容とする意見書を提出した。これに対して、政府は後藤入閣による懐柔と**保安条例**（1887）による弾圧をおこなった→p.16。

学校令

文相森有礼が推進。1886年に出された学校制度に関する法令。具体的には**帝国大学令・師範学校令・小学校令・中学校令**などの総称を指す。とくに小学校令において、**尋常小学校4年制**の**義務教育制が確立**した。

市制・町村制

内相山県有朋が**モッセ**とともに推進。1888年4月、それまでの**郡区町村編制法**を改め、地方行政制度を整備。市町村会議員は納税資格による選挙制、市長は内相による任命制と規定した。町村長は名誉職とされた。

西暦年	事 項	
1885	.12 内閣制度発足	
1886	. 4 学校令	. 6 甲府雨宮製糸工場スト
	.10 ノルマントン号事件	
	大同団結運動	
1887	.10 三大事件建白運動	
	.12 保安条例	
1888	. 4 市制・町村制	

入試ではこう出る

□1 **長州藩**出身。日露戦争後、**初代韓国統監**となり、併合強行への一歩を踏み出した。1909年、満州(中国東北部)視察と日露関係調整のため中国にわたったとき、ハルビン駅頭で朝鮮の独立運動家によって殺害された。この人物は誰か。
(関西大)

□1 伊藤博文

□2 1865年、薩摩藩留学生として、イギリスへ派遣され、ロンドン大学に学んだ。1885年には**初代文部大臣**となり、帝国大学令・中学校令・**小学校令**などを制定した。この人物は誰か。
(関西大)

□2 森有礼

□3 1880年代前半から半ばにかけて、条約改正交渉を担当した外務卿・外務大臣は誰か。
(関西学院大)

□3 井上馨

● [コラム] 津田梅子は伊藤博文の英語の先生!? ●

女子教育で知られる津田梅子は満6歳で岩倉使節団に随行して渡米した際、伊藤(満30歳)と出会います。帰国後、伊藤と再会した梅子は、結婚をすすめる父との確執もあり、伊藤と子弟への英語指導、通訳のため伊藤家に滞在しました。梅子は伊藤の推薦により華族女学校で英語教師として教壇に立ち、女子教育者としての人生が始まりました。そして1900年には、女子英学塾(現、津田塾大学)を創設しました。

黒田清隆内閣

明治② 1888.4～1889.10

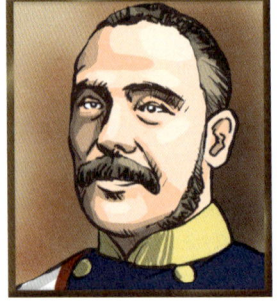

黒田清隆（くろだきよたか）（1840～1900）

薩摩藩出身。箱館戦争で指揮をとる。**開拓使**次官として北海道開発に手腕を発揮。1876年、井上馨とともに**日朝修好条規**（にっちょうしゅうこうじょうき）締結。1881年の**開拓使官有物払下げ事件**で一線を退くが、第２代首相に就任。就任中に**大日本帝国憲法**が発布される。条約改正交渉に失敗して辞任。元老。

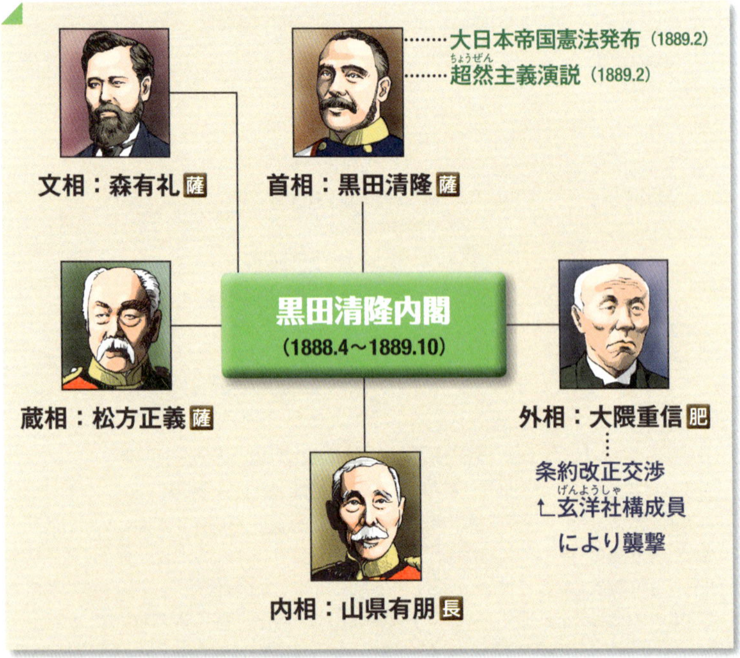

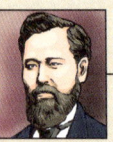

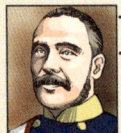

大日本帝国憲法発布（1889.2）
超然（ちょうぜん）主義演説（1889.2）
文相：森有礼 薩
首相：黒田清隆 薩
黒田清隆内閣
(1888.4～1889.10)
蔵相：松方正義 薩
外相：大隈重信 肥
条約改正交渉
玄洋社（げんようしゃ）構成員により襲撃
内相：山県有朋 長

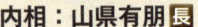

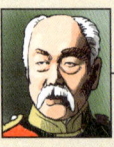

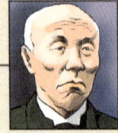

当時の世の中

帝国議会開催をひかえ初代首相の伊藤は退任し、薩摩出身の黒田清隆が首相に就任します。在任時の政策のなかで、彼が積極的に主導したものは多くありませんが、**大日本帝国憲法発布**（1889.2.11）の際の首相であることは重要です。また、翌日に述べたとされる「**超然主義**」演説も翌年の議会開設を意識したものとしてよく知られています。

外相**大隈重信**による条約改正交渉については、大隈が国家主義団体**玄洋社**の構成員に襲撃され辞職となり失敗、議会開設以前に黒田は辞任します。議会・民党に最初に対抗したのは「**超然主義**」を象徴する山県有朋でした。

西暦年	事　項	
1888	.4 枢密院設置	.6 高島炭坑事件
1889	.2 大日本帝国憲法発布	
	超然主義演説	.7 東海道線全通
	.10 大隈重信襲撃される	.9 大阪天満紡績スト

入試ではこう出る

☐1　日朝修好条規に、日本国政府代表として調印した人物は井上馨と誰か。
（早稲田大／社会科学）

☐1　黒田清隆

☐2　大日本帝国憲法発布時の内閣総理大臣は誰か。
（同志社大）

☐2　黒田清隆

☐3　憲法発布の翌日に、当時の首相が、「政党ナル者ノ社会ニ存立スルハ亦情勢ニ免レサル所ナリ。然レトモ**政府ハ常ニ一定ノ方向ヲ取リ……政党ノ外ニ立チ至公至正ノ道ニ居ラサル可ラス**」と演説した。こうした政府の方針は、何と呼ばれるか。
（早稲田大／政経）

☐3　超然主義

歴史の流れがわかる図解まとめ

立憲体制―大日本帝国憲法

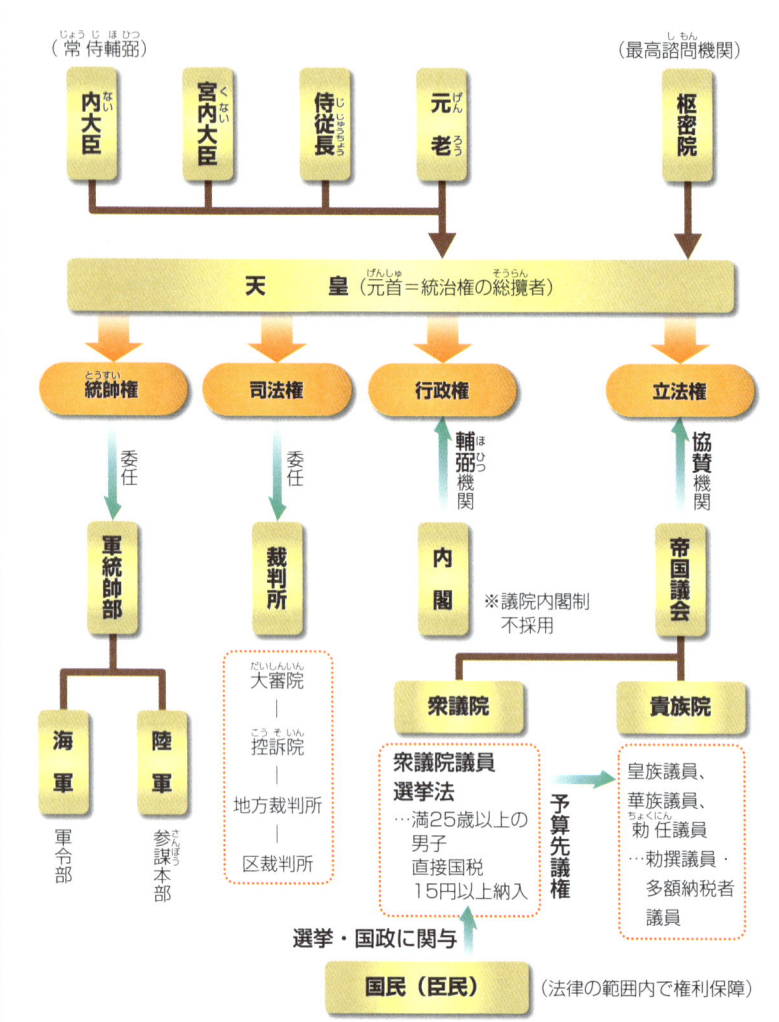

解説

　枢密院での審議を経て、1889年の**紀元節**（2月11日）に**大日本帝国憲法**が発布されました。欽定憲法であり、アジア地域で最初の憲法（トルコを最初とする解釈もあり）となりました。

　この憲法は、ヨーロッパの**立憲君主制**を基本にして、ドイツ憲法を範に**天皇大権**を盛り込んだ内容でした。まずは、現在の「日本国憲法」の内容と対比しながら、学習を進めることをお勧めします。

　現憲法では、**立法権**・**行政権**・**司法権**はそれぞれ国会・内閣・裁判所にありますが、旧憲法では**統帥権**もあわせて、天皇に帰するとされていました。

　現実には、**帝国議会**は立法の**協賛**機関、**内閣**は行政の**輔弼**機関として機能しました。裁判所、軍統帥部（陸軍：参謀本部、海軍：軍令部）は事実上、天皇から権限を委任されていました。

　貴族院は特権階級により構成され、衆議院は**衆議院議員選挙法**により国民から選出されました。選挙は納税資格・男子による制限選挙であり、有権者人口比は1.1％でしたが、選挙実施は立憲体制＝議会政治の第一歩となりました。ちなみに納税資格を満たす多くは**寄生地主**でした。

　衆議院は**予算先議権**をもつ以外、貴族院と対等でしたが、議会政治を主導しました。

　旧憲法下では、国民は臣民とされ、選挙を通じて国政に関与できました。法律によるさまざまな権利が保障されましたが、法律追加・改定により権利を制限されることにもなりました。

　枢密院は天皇の最高諮問機関と規定され、議会・内閣を牽制する存在となり、激しく対立することもありました。

　宮内大臣・**内大臣**は内閣外とされましたが、とくに内大臣は昭和期には大きな力をもつことになります。

　元老も明治後期～昭和前期には事実上、首相を決定する存在として政治に絶大な影響力を及ぼしました。

立憲体制―大日本帝国憲法

第1次山県有朋内閣

明治③　1889.12～1891.5

山県有朋（1838～1922）

長州藩出身。伊藤博文同様**松下村塾**で学ぶ。高杉晋作創設の**奇兵隊**で才能を発揮。大村益次郎が暗殺された後、**徴兵制**を実現。陸軍卿としては**参謀本部**設置・**軍人勅諭**の制定に関与。内務卿としては**市制・町村制、府県制・郡制**を制定。第3・9代の首相。元老。

外相：青木周蔵 長

対英条約改正交渉
（1891）

首・内相：山県有朋 長

・・・・・ 府県制・郡制（1890.5）
・・・・・ 第1回総選挙（1890.7）
第1回帝国議会開催
（1890.11）

第1次山県有朋内閣
（1889.12～1891.5）

蔵相：松方正義 薩

文相：榎本武揚 幕

教育勅語（1890.10）
内村鑑三不敬事件（1891.1）

陸相：大山巌 薩

司法相：山田顕義 長

商法公布（1890.4）

当時の世の中

　帝国議会開催を翌年にひかえ、1889年末に山県有朋は第3代首相に就任します。事実上、日本が妥協した**天津条約**により、清の朝鮮国への影響力が増し、1889年の**防穀令事件**（朝鮮が穀物の対日輸出を禁止したことによる争い）によって対朝鮮・対清世論が硬化します。そのような状況下で軍に影響力をもつ山県は初の議会運営に臨みます。先に述べた**大久保利通**・**伊藤博文**（議会運営は第2次内閣→p.34以後）、そして山県の議会・政治への考え、政治手法を理解すれば近現代史の骨格をつかめるといっても過言ではありません。山県は**超然主義**を象徴する存在ですが、強気一辺倒ではなく抵抗勢力との妥協をはかりながらも、政策を実現します。

　第1回総選挙の結果、旧民権派の民党→p.28（**立憲自由党：130議席**、**立憲改進党：41議席**）が議会の過半数（全議席：300議席）を占めます。山県は、施政方針演説において「**主権線**（＝国境）」防衛だけではなく「**利益線**（＝**朝鮮半島**）」の確保のために増税を示唆し軍事予算拡大の必要性を説きました。このことで第1回帝国議会で「**民力休養**（＝減税）・**政（経）費節減**（＝軍事費削減）」を掲げる民党と激しく対立しますが、山県は内務省のトップとして手腕を振るったことを生かし、**立憲自由党**土佐派の懐柔に成功して予算案を成立させました。

　また、この内閣の時、**元田永孚**・井上毅らが原案を起草した**教育勅語**（1890）が発布されます。この翌年には**内村鑑三不敬事件**→p.28が起こっています。

Point　第1次山県有朋内閣

☑　第1回総選挙　→　第1回帝国議会開催（1890）
　⇨　民党が「民力休養・政（経）費節減」を掲げる
☑　教育勅語（1890）　⇨　内村鑑三不敬事件（1891）

関連人物・事件

青木周蔵 (1844～1914)

長州藩出身。ドイツでの医学留学時代に同郷の山県と懇意となる。外務官僚としてドイツ、オーストリア、オランダ公使を歴任。ドイツ貴族の娘と結婚。伊藤博文のヨーロッパでの憲法調査を補佐し、グナイスト、シュタインへの師事を斡旋した。負傷した外相大隈重信の後を受けるかたちで第1次山県内閣の外相に就任し、領事裁判権撤廃を明記した条約改正交渉をイギリスとの間ですすめた。続く第1次松方内閣→p.30でも外相を務めるが、**大津事件**で引責辞職→p.32。

民党

1880年代の自由民権運動を推進してきた自由党系・立憲改進党→p.16系民権派勢力の総称。議会開設当初は藩閥内閣と激しく対立、日清戦争後は内閣と協調関係をもつ。1900年には伊藤博文が自由党系勢力をもとに立憲政友会を組織した→p.51。

内村鑑三不敬事件

1891年1月、第一高等中学校嘱託教員であった**内村鑑三**が、前年に発布された教育勅語の奉読式において、天皇親筆の署名に対して最敬礼をおこなわず、教師・生徒により非難されたことが社会問題化した事件。キリスト教と天皇制の問題へと進展し、東大教授**井上哲次郎**が国家主義の立場から「教育と宗教の衝突」を発表、内村を激しく非難した。

西暦年	事項	
1890	.4 商法公布	初の経済恐慌
	.5 府県制・郡制	
	.7 第1回総選挙	
	.10 教育勅語	
	.11 第1回帝国議会開催	
1891	.1 内村鑑三不敬事件	.3 ニコライ堂開堂

入試ではこう出る

- [ ] 1　戊辰戦争中に大隊司令・総督府参謀となり維新政府で軍政面における要職を占め陸軍の基礎を築いた。また、地方自治制度の制定を通して官僚支配を推進し、文官任用令を改正して政党勢力抑制をはかったことでも知られる人物は誰か。
(同志社大)

- [ ] 2　長州藩出身。幕末に結ばれた不平等条約の改正のため、第1次山県内閣の外務大臣として、イギリスと交渉にあたった。この人物は誰か。
(関西大)

- [ ] 3　札幌農学校を卒業。第一高等中学校嘱託教員の時、教育勅語への礼拝を拒否して職を追われた。この人物は誰か。
(関西大)

- [ ] 4　文中の空欄に入る最も適切な人名を記せ。
1890年11月に、第1議会（第1回帝国議会）が開かれた。翌12月に、当時内閣総理大臣であった　　　　は施政方針演説を行い、陸海軍経費増強の必要性を強調した。
(慶應義塾大)

- [ ] 1　山県有朋
- [ ] 2　青木周蔵
- [ ] 3　内村鑑三
- [ ] 4　山県有朋

●[コラム] 吉田松陰と山県有朋 ●

長州閥の頂点**山県有朋**が頭角をあらわす契機は**松下村塾**入塾・**奇兵隊**入隊でした。このことは伊藤博文ら低い身分の出身者に共通します。山県の入塾直後に、吉田松陰は投獄されたため、指導を受けた期間は短かったのですが、山県は終生松陰からの影響を口にしていました。萩の松陰宅跡に彼の揮毫による石碑があります。山県は自らを「松陰先生門下生」と記しています。これが、山県の絶筆ともなりました。

第1次松方正義内閣

明治④ 1891.5～1892.8

松方正義（1835～1924）

薩摩藩出身。幕末、島津久光の側近として生麦事件、寺田屋事件などに関与。明治十四年の政変により、参議兼大蔵卿就任。後、松方財政と称される金融政策を主導し、緊縮財政策、**日本銀行**設立、銀本位制を実現した。第4・6代首相。山県の死後、元老を主導する立場となった。

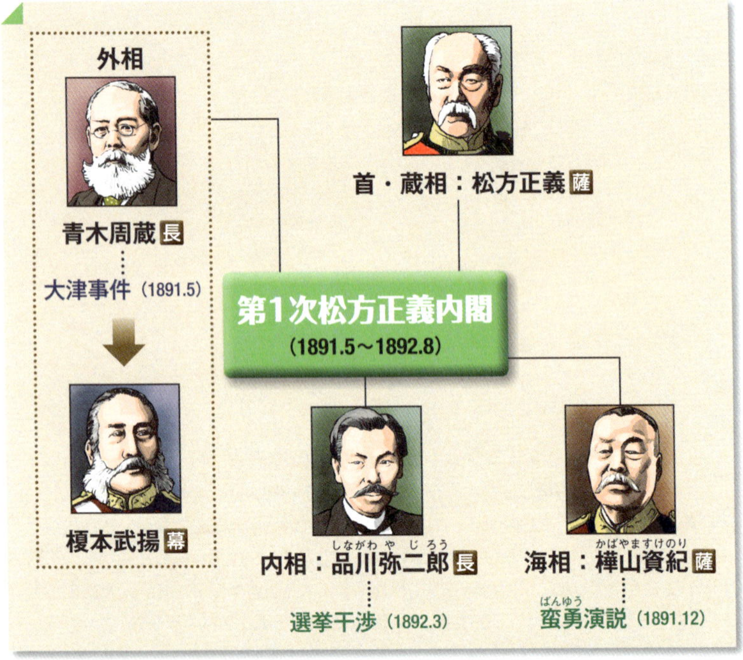

第1次松方正義内閣（1891.5～1892.8）

- 首・蔵相：松方正義 薩
- 外相：青木周蔵 長 → 榎本武揚 幕
  - 大津事件（1891.5）
- 内相：品川弥二郎 長
  - 選挙干渉（1892.3）
- 海相：樺山資紀 薩
  - 蛮勇演説（1891.12）

明治時代

当時の世の中

前任の山県内閣では、政府予算案を成立させたものの、議会で民党が過半数を占めていた事実には変わりはなく、政府は厳しい議会運営を迫られました。

そこで、明治天皇の信頼が厚い松方正義が内閣を組織することになりました。松方は1880年代の「**松方財政**」では**緊縮財政策を実現**しており→p.16、財政政策の手腕はあったものの、政治家としてのリーダーシップには欠けていたようで、後述する第2次内閣→p.38同様、短命に終わることになります。

中国大陸の状況としては、緊張状態が高まり、条約改正交渉も進展せず、**大津事件**→p.32も起こり、政権担当は困難を極めました。

軍艦建造費問題から海相**樺山資紀**の「**蛮勇演説**→p.32」が起こり、議会は紛糾し、内閣制度発足後、最初の解散を実施しました。解散後の総選挙で、民党勢力の当選を阻止するいわゆる**選挙干渉**→p.32が内相**品川弥二郎**を中心におこなわれましたが、民党の優位はかわりませんでした。

現在では、総選挙で敗北した場合内閣が退陣するのが通例ですが、当時はそのような考えはなく、松方は（第3）議会に臨みますが、軍艦建造費などが否決され、退陣に追い込まれます。

Point 第1次松方正義内閣

- ☑ 大津事件（1891） ⇨ 児島惟謙、司法権独立維持、条約改正中断
- ☑ 蛮勇演説（1891） ⇨ 最初の解散、総選挙（1892）内相品川弥二郎ら選挙干渉

関連人物・事件

大津事件

1891年5月、日本訪問中のロシア皇太子**ニコライ**（後、**皇帝ニコライ2世**）が、滋賀県大津町（現・大津市）で警備担当の警官津田三蔵に斬りつけられ、負傷した事件。明治天皇みずからがニコライを見舞うなど、ロシアの報復を恐れた日本政府は、皇室に対する罪を適用して津田の死刑を画策した。当時、外国要人に対する法律が存在しなかったので、大審院長児島惟謙は犯人を無期徒刑（＝無期懲役）とし、政府の干渉を排して司法の独立を守ったと評価された。ただし、事件後、外相青木周蔵らが責任を負うかたちで辞任した。

蛮勇演説

第2回帝国議会での薩摩藩出身の海相樺山資紀の演説（1891.12）。軍艦建造費の重要性を説くなかで薩長藩閥政府を擁護し、衆議院が紛糾、解散する要因となった。

選挙干渉

海相樺山資紀の蛮勇演説で解散後の第2回衆議院議員総選挙で、長州藩出身の内相品川弥二郎らがおこなった選挙妨害活動。民党勢力は多くの死傷者を出したものの、4割以上の議席を確保した。

西暦年	事　項	
1891	.5　大津事件 .12　樺山資紀の蛮勇演説	.12　田中正造、 　　　足尾銅山鉱毒問題提起
1892	.2　第2回総選挙 .3　選挙干渉問題で 　　　品川弥二郎辞職	

入試ではこう出る

□1 明治十四年の政変の後大蔵卿になり、**緊縮財政政策**を採用し紙幣整理を推進した人物で、彼の三男幸次郎は川崎造船所の初代社長であり美術品の収集家としても有名である。この人物は誰か。
(関西大)

□1 松方正義

□2 第2次伊藤内閣の前任であるこの内閣は、**選挙干渉**などの強硬的手段を用いて民党との対決姿勢を強め、結局議会で軍事予算を否決されて退陣に追い込まれた。この時の首相は誰か。
(立命館大)

□2 松方正義

□3 第2回総選挙の際、選挙干渉の指揮をとった内務大臣の氏名を答えよ。
(立命館大)

□3 品川弥二郎

□4 松方正義に関連する説明文として、正しいものを次のa～cの中からすべて選びなさい。
 a. 第1次松方内閣は、第2回総選挙の際に選挙干渉をおこなった。
 b. 国立西洋美術館の松方コレクションとは、主として松方正義が収集したものである。
 c. 第2次松方内閣は、大隈重信を外相として入閣させ、松隈内閣と呼ばれた。
(中央大)

□4 a・c（順不同）
※b-松方コレクションとは松方正義の息子松方幸次郎の美術コレクションである。

● [コラム] 薩摩閥 ●

西郷隆盛・**大久保利通**没後、薩摩藩の政界における勢力は急速に低下しました。明治期の組閣は、**黒田清隆**・**松方正義**による計3度にとどまります（長州勢力は8度）。ただ、警察・軍部（とくに海軍）の要職は昭和初期までは薩摩勢力が多くを占めました。警視総監は初代の**川路利良**以下6代連続で、海軍大臣は**西郷従道**から13代連続で薩摩藩出身者でした。また、日露戦争において**東郷平八郎**が指揮した日本海海戦が勝利したことにより、海軍の充実に寄与した**山本権兵衛**・海戦に参加した**加藤友三郎**（広島出身）は国民の人気も高く、大正期に首相に就任しました。

第1次松方正義内閣　33

第2次伊藤博文内閣

明治⑤　1892.8〜1896.8

伊藤博文（1841〜1909）

※詳細は第1次内閣→p.18を参照

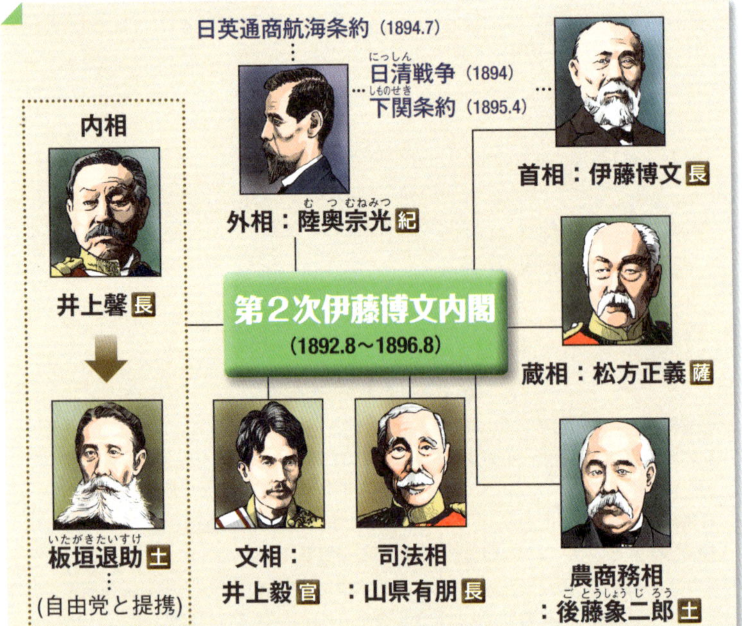

日英通商航海条約（1894.7)
日清戦争（1894）
下関条約（1895.4）

外相：陸奥宗光 紀

内相
井上馨 長
↓
板垣退助 土
（自由党と提携）

第2次伊藤博文内閣
（1892.8〜1896.8）

文相：井上毅 官

司法相：山県有朋 長

首相：伊藤博文 長

蔵相：松方正義 薩

農商務相：後藤象二郎 土

34　明治時代

当時の世の中

　松方正義退陣後、伊藤博文が第2次内閣を組織します。第1次内閣とは異なり、彼は初めて議会運営に臨むことになりました。

　松方が閣内をうまく統率できなかったことに対して、伊藤は能力にたけ、かつ百戦錬磨の人材を配し、「**元勲**」総出の内閣と称されました。

　しかし、議会は相変わらず民党勢力が過半を占めていました。第4議会は、天皇の「**和衷協同の詔書**」によりかろうじて予算を成立させました→p.52。第5・6議会では、藩閥政府を支持していた吏党勢力のなかにも政府の外交姿勢を批判し、民党と結びつく動きさえありました。「**対外硬派連合**」がそれでした。

　1894年は、この内閣だけではなく、日本にとっても歴史的な年となりました。懸案の条約改正交渉において**日英通商航海条約**が調印（1894.7）され、**領事裁判権撤廃・最恵国待遇相互化**、関税率の引上げに成功しました（発効：1899）。また、**甲午農民戦争**を契機に**日清戦争**が起きました。議会運営を重視する伊藤は、軍港のある広島に臨時の帝国議会をおき、臨時予算を成立させていきます。

　戦後、**下関条約**（1895.4）→p.36を調印（清全権は**李鴻章**）し、清国との諸問題を解決しましたが、**三国干渉**（1895.4）→p.36・**閔妃殺害事件**（1895.10）→p.36でロシアとの対立が深まります。

　議会対策としては、板垣退助を内相として入閣させ、自由党との協調を実現しました。

Point　第2次伊藤博文内閣

- ☑ 日英通商航海条約（1894）　⇨　条約改正交渉進展
- ☑ 下関条約（1895）　⇨　市場拡大、産業革命進展、
  　　　　　　　　　　　　　三国干渉（1895）、ロシアと対立

関連人物・事件

陸奥宗光 (1844～1897)

紀州藩出身。政府転覆を画策したとして投獄されるが、才能を認めた伊藤博文の尽力で特赦による出獄後、ヨーロッパに留学。第1回総選挙で当選、衆議院議員で唯一入閣（農商務相）。第2次伊藤内閣では外相となり、留学経験を生かして日英通商航海条約を調印（1894.7）し、**領事裁判権撤廃・最恵国待遇相互化**・関税率の引上げを実現、条約改正交渉を大きく進展させた。軍部とも気脈を通じ、対清強硬路線をとり、日清戦争後の下関条約（1895.4）では伊藤とともに日本全権となり、清全権李鴻章に対し有利に交渉をすすめた。条約調印後、事実上一線を退いた。

下関条約

正式には日清講和条約、馬関条約ともいう。主な内容は、①**朝鮮を独立国と承認**＝清の宗主権放棄、②**遼東半島・澎湖諸島・台湾の割譲**、③**賠償金2億両支払い**、④**沙市・重慶・蘇州・杭州の開港**、⑤日本への最恵国待遇承認、などである。

三国干渉

ロシア・フランス・ドイツの3国による対日勧告（1895.4）。先に中国進出をおこなっていた列強は、日本の領土割譲要求に衝撃を受けた。とくに、南「満州」進出を画策していたロシアは、遼東半島を自国の勢力範囲に組み入れようとし、そこにロシア・ドイツの緊張緩和を歓迎するフランスが結びついて、3国による遼東半島の清への返還要求がおこなわれた。日本は勧告を受け入れる一方、賠償金の増額に成功した。国内では、国家主義が台頭し「臥薪嘗胆」をスローガンにロシアへの敵対心が高まり、日露戦争への要因となった。

閔妃殺害事件

閔妃は朝鮮国王**高宗**の妃。高宗の政治無関心・世継ぎ問題で、高宗の実父**大院君**勢力と激しく対立。大院君失脚後、一族で高官を独占し実権を掌握。反対派の不満は根強く、日清戦争後、ロシアに接近した閔妃に不満をもつ朝鮮内の反対勢力や日本公使館守備隊により殺害された（乙未事変、1895）。

西暦年	事項	
1894	.7 日英通商航海条約	甲午農民戦争
	.8 日清戦争宣戦布告	
1895	.4 下関条約	
	三国干渉	.10 閔妃殺害事件
1896	.3 造船奨励法・航海奨励法	

入試ではこう出る

□1 日清戦争時の外交を進めた日本の外務大臣は誰か。
（立命館大）

□1 陸奥宗光

□2 日本は朝鮮に対して、「露国」と争って干渉を強め、ついに1895年には王妃暗殺事件を引き起こした。このとき暗殺された王妃は誰か。
（立命館大）

□2 閔妃

□3 1893年に内閣総理大臣であった人物は誰か。次のA〜Eの中から1つ選び、記号で答えよ。
A. 大隈重信　B. 伊藤博文
C. 山県有朋　D. 桂太郎
E. 西園寺公望
（明治大）

□3 B

□4 「教育に関する勅語（教育勅語）」を起草した人物の一人は、第2次伊藤博文内閣の文部大臣となっている。その人物は誰か。次のA〜Eの中から1つ選び、記号で答えよ。
A. 元田永孚　B. 浜尾新
C. 尾崎行雄　D. 西園寺公望
E. 井上毅
（明治大）

□4 E

第2次伊藤博文内閣

第2次松方正義内閣

明治⑥ 1896.9〜1898.1

松方正義（1835〜1924）

※詳細は第1次内閣 →p.30 を参照

外・農商務相：大隈重信 肥
（進歩党）

首・蔵相：松方正義 薩
……… 貨幣法（1897.3）
⇒ 金本位制確立

第2次松方正義内閣
（1896.9〜1898.1）

文相：西園寺公望 公
京都帝国大学設立（1897.6）

陸相：大山巌 薩

海相：西郷従道 薩

当時の世の中

松方正義の就任については、第1次内閣での議会対策の失敗もあり、薩長藩閥勢力の反対もありました。しかし、この内閣は大隈重信を外相に就任させることで**進歩党**と連携しました。そのため「**松隈内閣**」と称されます。

この内閣の最大の業績は、**貨幣法**（1897）制定による**金本位制の確立**です。過去に財政担当であった大隈、蔵相兼任の松方、組閣に功績のあった三菱財閥の**岩崎弥之助**（**日本銀行**総裁就任）がそろい、悲願を達成し、産業革命・資本主義の進展を加速させました。

また、この内閣は、財政難打開策として地租増徴案を提案しました。しかし、このことで事実上進歩党は離反し、内閣不信任が確実視されるに至って、松方は後に先にもない**衆議院解散・内閣総辞職**をおこないました。

西暦年	事　項	
1897	進歩党と協調（外相：大隈） .3 貨幣法 ⇒金本位制確立	.6 京都帝国大学設立 　　日本勧業銀行設立 .7 労働組合期成会設立 .10 朝鮮、大韓帝国に改称

入試ではこう出る

☐1　1897年、金本位制を確立した法律は何か。
（オリジナル）

☐1　貨幣法

☐2　第2次松方内閣の外相大隈重信の所属政党は何か。
（オリジナル）

☐2　進歩党

☐3　1897年2月時点での首相兼大蔵大臣が、貨幣法案を提出した。この首相兼大蔵大臣は誰か。
（同志社大）

☐3　松方正義

第3次伊藤博文内閣

明治⑦　1898.1～1898.6

伊藤博文（1841～1909）

※詳細は第1次内閣 →p.18 を参照

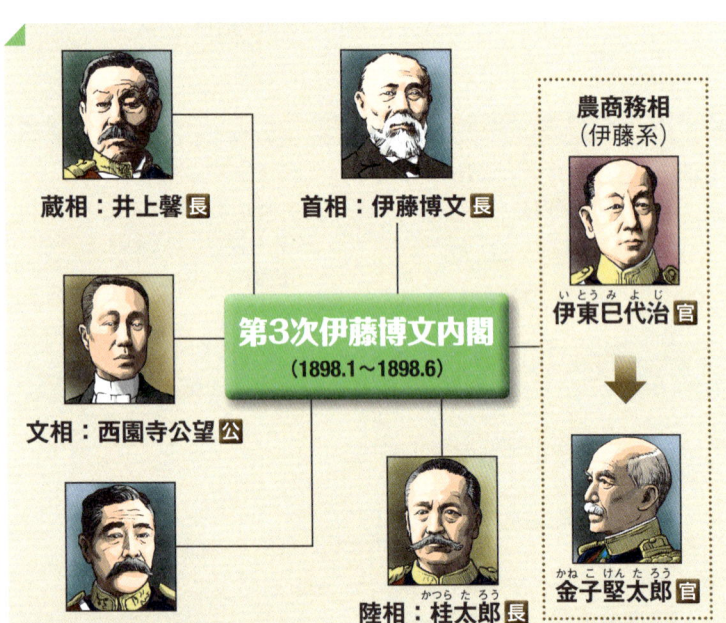

第3次伊藤博文内閣（1898.1～1898.6）

- 蔵相：井上馨 長
- 首相：伊藤博文 長
- 文相：西園寺公望 公
- 海相：西郷従道 薩
- 陸相：桂太郎（かつらたろう）長 （山県系）

農商務相（伊藤系）
- 伊東巳代治（いとうみよじ）官
  ↓
- 金子堅太郎（かねこけんたろう）官

40　明治時代

当時の世の中

　先の第2次松方正義内閣は、地租増徴問題を前にして、事実上政権運営を放棄しました。

　伊藤博文は、自身の直系勢力と山県有朋系勢力の協力を得て、3度目の組閣をしました。しかし、組閣後3カ月で衆議院を解散したため、**自由党**と**進歩党**は合同し**憲政党**を組織して対抗しました。

　伊藤は政府系与党の結成を決断し、その準備のため退陣しました。わずか6カ月弱の在職期間でした。また同時に、憲政党の内部対立を期待する思惑も彼にはありました。

　事実、伊藤の予想したとおりになりましたが……。

西暦年	事　項	
1898	.6 自由党・進歩党、 　　地租増徴案否決 　　衆議院解散 　　憲政党結党 　　（自由党・進歩党合同）	.1 沖縄・北海道の全部・ 　　小笠原諸島、徴兵令施行

入試ではこう出る

□1　1898年、自由党と進歩党が合同して結成された政党は何か。
（オリジナル）

□1　憲政党

第3次伊藤博文内閣

第1次大隈重信内閣

明治⑧　1898.6～1898.11

大隈重信（おおくましげのぶ）（1838～1922）

肥前（佐賀）藩出身。殖産興業政策など初期の財政政策を主導。議会開設をめぐり伊藤博文らと対立し、1881年10月参議免官（**明治十四年の政変**）。翌年、**立憲改進党**を結成、**福沢諭吉**門下の**尾崎行雄**、**犬養毅**らが参加。**東京専門学校**（後、**早稲田大学**）を開設。黒田清隆内閣の外相に就任、第2次松方正義内閣で外相再就任。

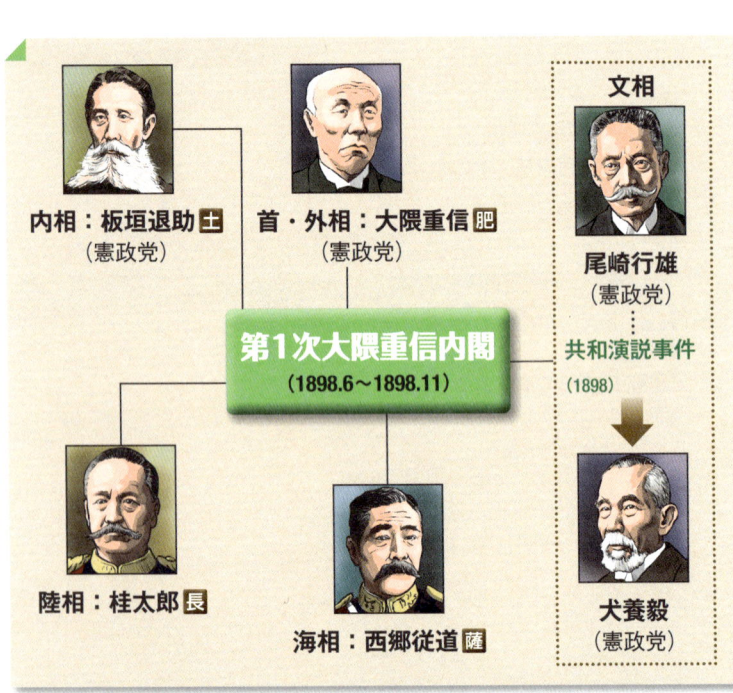

内相：板垣退助 土
（憲政党）

首・外相：大隈重信 肥
（憲政党）

文相 尾崎行雄
（憲政党）

第1次大隈重信内閣
（1898.6～1898.11）

共和演説事件
（1898）
↓
犬養毅
（憲政党）

陸相：桂太郎 長

海相：西郷従道 薩

42　明治時代

当時の世の中

　地租増徴案をめぐり、第2次松方正義内閣、第3次伊藤博文内閣は退陣に追い込まれ、**自由党**と**進歩党**が合同した**憲政党**を与党とした大隈重信内閣が成立しました。

　大隈は伯爵であったため衆議院議員ではありませんでしたが、薩長藩閥出身でなく、衆議院第1党である**憲政党**を与党としていることで、この内閣は**最初の政党内閣**→p.44となります。陸・海軍大臣以外は、**憲政党**党員で構成され、とくに旧自由党の**板垣退助**が内相に就任したことから「**隈板内閣**」と称されました。1898年8月に実施された（第6回）総選挙では、憲政党は圧勝しました。

　ところが、「呉越同舟」的な憲政党は内閣成立時から内部対立が激しく、「**共和演説事件**→p.44」がそのような状況下で起こりました。文相**尾崎行雄**→p.44は政商と政治の関係を批判し、宮内省、枢密院・貴族院がそれに反発、星亨（旧自由党系）の画策もあり、尾崎は辞職し、内閣はわずか4カ月で崩壊しました。

　こうして、憲政党は旧自由党系勢力による**憲政党**と旧進歩党系勢力による**憲政本党**にそれぞれ分裂しました。結局、この内閣は、最大の命題である予算案を成立させることなく消滅しました。

Point　第1次大隈重信内閣

- ☑　憲政党（1898）　⇨　自由党と進歩党が合同
　　　　　　　　　　　　　（最初の政党内閣成立）
- ☑　共和演説事件（1898）　⇨　文相の尾崎行雄辞職、憲政党分裂

関連人物・事件

政党内閣

議会に議席を有する政党を中心に組織された内閣のこと。二院制の場合、下院での最大議席保有政党が中心となり政権を担当する。日本の場合、下院は**衆議院**が該当。通常、（衆議院議員）総選挙の議席数で中心政党が決定する。議院内閣制と同義。

共和演説事件

第1次大隈重信内閣の文相尾崎行雄がおこなった演説（1898.8）が問題視され、憲政党分裂・内閣崩壊の原因となった事件。尾崎はアメリカと日本の政治状況を比較し、「日本で仮に**共和政治**があったとしても三井・三菱が大統領候補となるだろう」という趣旨の演説をおこない政商の政治への関与を批判した。ところが「共和政治」の文言に宮内省が反発、政党内閣の成立に危機感を抱いていた貴族院・枢密院が批判の声を強めた。そして、尾崎排除を画策した旧自由党系の**星亨**が長州閥の陸相**桂太郎**と結びついたこともあり、尾崎は辞職に追い込まれた。大隈が独断で旧進歩党系の犬養毅を後任としたため、党内で対立が起こり、内閣は崩壊した。

尾崎行雄（1858〜1954）

第1回総選挙（1890）から25回連続当選・議員勤続63年の世界記録をつくる。**犬養毅**とならび「**憲政の神様**」と称される。**慶應義塾**で**福沢諭吉**に師事。犬養とともに**立憲改進党**創設に関与した。議会政治草創期から活躍し、とくに第3次桂内閣を退陣に追い込んだ**憲政擁護運動（第1次護憲運動）** →p.71 を主導したことはよく知られる。のちにファシズム体制が進展するなかでも、政党にこだわりを持ち続けた。翼賛体制下の総選挙（翼賛選挙）には非推薦出馬で当選。戦後も活躍したが、1953年の総選挙で落選して95歳で引退（日本記録）。

西暦年	事　項	
1898	.8 共和演説事件	
	.10 憲政党分裂	.10 社会主義研究会結成

明治時代

入試ではこう出る

□1 条約改正交渉中に、国家主義団体構成員に襲撃され負傷した外相は誰か。
(オリジナル)

□1 大隈重信

□2 **佐賀藩**出身。幕末動乱期に尊王攘夷派として活躍し、明治維新後、大蔵卿となり財政的基盤確立のために活躍した。**明治十四年の政変**で下野し、翌年**東京専門学校**を創設した。この人物は誰か。
(関西大)

□2 大隈重信

□3 **明治十四年の政変**による免官後の在野時代に**東京専門学校**を設立、また**立憲改進党**（1882）、**進歩党**（1896）、**憲政党**（1898）などの結成や2度の組閣（1898、1914）など政官界で活動、最初の組閣では軍部大臣以外をすべて憲政党でかため、史上**初の政党内閣**を実現させた。この政治家の人物名を記せ。
(同志社大)

□3 大隈重信

□4 第1次大隈内閣は、共和演説事件により短期間で瓦解する。その事件を引き起こした人物名を、次の1〜4の中から1つ選べ。
1. 伊東巳代治　2. 犬養毅
3. 星　亨　　4. 尾崎行雄
(同志社大)

□4 4

● [コラム] 大隈重信と福沢諭吉 ●

大隈は佐賀藩校英学塾で**フルベッキ**に師事し、英米の国家体制に大きな影響を受けました。彼は卓越した暗記力で勉学に励み、「イギリス通」として一目置かれる存在となったのです。福沢は大坂の**適塾**で蘭学を学び、中津藩士として江戸出府の際、**慶應義塾**の基礎となる蘭学塾を開きました。両者は、互いを批判し合っていましたが、ある酒宴を機に意気投合しました。福沢の提案で大隈は学校設立（東京専門学校、現早稲田大学）を決めたといわれています。また、大隈が設立した**立憲改進党**には、慶應義塾出身の**尾崎行雄・犬養毅・矢野龍溪**が参加しています。

第2次山県有朋内閣

明治⑨ 1898.11～1900.10

山県有朋（1838～1922）

※詳細は第1次内閣→p.26を参照

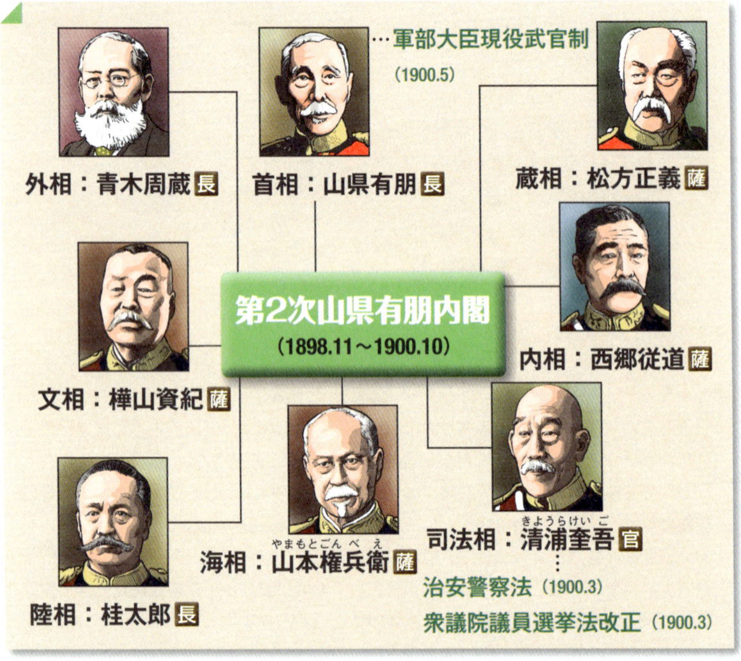

第2次山県有朋内閣（1898.11～1900.10）

- 外相：青木周蔵 長
- 首相：山県有朋 長　…軍部大臣現役武官制（1900.5）
- 蔵相：松方正義 薩
- 内相：西郷従道 薩
- 文相：樺山資紀 薩
- 海相：山本権兵衛（やまもとごんべえ）薩
- 司法相：清浦奎吾（きょうらけいご）官
- 陸相：桂太郎 長

治安警察法（1900.3）
衆議院議員選挙法改正（1900.3）

当時の世の中

　最初の政党内閣消滅後、超然主義を象徴する山県有朋が2度目の組閣をおこないました。地租増徴を最大の懸案とする予算案成立が重要課題であるのは第1次山県内閣同様の状況でした。

　山県系を多く登用した内閣ではありましたが、彼の巧妙な政治手腕がここでも発揮されます。予算案成立のためには、議会工作が重要と考え、分裂後最多議席保有政党となっていた**憲政党**と提携し、地租を2.5%から**3.3%**に引き上げる地租条例改正を実現させます。

　同時に、政党の官僚勢力への進出を警戒し、法令制定・改正をおこないます。とくに、**文官任用令改正**（1899.3）は情実任用（事実上の縁故採用）を制限し、試験任用を拡大しました。このことは、結果的に現在の官僚制度につながっています。

　翌年には選挙法を改正、納税資格を**直接国税10円以上**とし、有権者を拡大しました（有権者人口比：1.1%→2.2%、1900.3）。そして、これと引き換えに、**軍部大臣現役武官制**→p.48を実現します（1900.5）。これまで軍部は山県ら藩閥勢力の影響下にあり、この制度は軍部の政治的影響力を維持し政党勢力の抑制を意図するためのものでしたが、このことはのちに軍部の政治介入の道を開くことになりました。

　高まる社会運動に対しては、**治安警察法**→p.48を公布（1900.3）し、弾圧を強化しました。陸軍・警察に強い影響力をもつ、彼の「色」が出た政権といえます。

Point　第2次山県有朋内閣

- ☑ 衆議院議員選挙法改正（1900）
  - ⇨　直接国税10円（←15円）以上納入
- ☑ 軍部大臣現役武官制（1900）　⇨　軍部の政治介入の契機
- ☑ 治安警察法（1900）　⇨　社会運動弾圧、労働組合期成会解体

関連人物・事件

軍部大臣現役武官制

軍部大臣（陸・海軍大臣）の補任資格を現役武官に限定する制度。現役武官とは、「平時軍務に従事する」**大将・中将**を指す。このように資格者の範囲を狭めることにより、内閣に影響力を及ぼすことになった。山県有朋は、政党勢力の抑制を意図していたとされるが、軍部大臣の任命は大日本帝国憲法に規定される天皇の統帥権に関わるため、結果的に軍部の政治介入を許すことになった。昭和期には、軍部の政治的切り札ともなった。

治安警察法

日清戦争後に高揚し始めた社会運動、とくに労働運動を取り締まるために制定（1900.3）された法律。議会開設までの民権運動の取締りの中心人物であった山県は、既存の弾圧法規をふまえ、機能を強化した。これにより、労働組合期成会（1897結成）は活動停止に追い込まれ、第4次伊藤博文内閣→p.50時代に結党された初の社会主義政党社会民主党（1901）は即、禁止処分となった。1945年11月に廃止。

義和団事件・北清事変

反キリスト教を標榜する各地の拳法集団が統合した**義和団**（ぎわだん）が、「**扶清滅洋**（ふしんめつよう）」を掲げ、北京（ペキン）の列国公使館を襲撃した。これに乗じ清政府は各国に対して無謀な宣戦布告をおこなった（**北清事変**（ほくしん））。列国は鎮圧後、**北京議定書**を結ばせた。

西暦年	事 項	
1898	.12 地租増徴案可決（3.3%）	
1899	.3 北海道旧土人保護法	.3 義和団蜂起
1900	.3 治安警察法	
	衆議院議員選挙法改正	
	.5 軍部大臣現役武官制	.6 北清事変
	.9 立憲政友会結成	

入試ではこう出る

☐1 **長州藩士**として討幕運動に活躍した。1898年に第2次内閣を組織し、**軍部大臣現役武官制を実現**するなど、軍制の確立をはかった。その後は**元老**として政界に君臨した。この人物は誰か。
(関西大)

☐1 山県有朋

☐2 憲政党は、第2次山県有朋内閣と連携し、_____ を成立させた。空欄にあてはまる語句を、次のア～オの中から1つ選び、記号で答えよ。
ア．府県制・郡制
イ．小選挙区制
ウ．2個師団増設案
エ．地租増徴案
オ．保安条例
(法政大)

☐2 エ

☐3 軍拡財源確保のための地租増徴に関する説明として正しいものを、下記のア～エより1つ選び、記号で答えなさい。
ア．第2次山県有朋内閣は、憲政党の支持を得て地租増徴案を成立させた。
イ．第3次伊藤博文内閣は、憲政党の支持を得て地租増徴案を成立させた。
ウ．第2次伊藤博文内閣は、自由党の支持を得て地租増徴案を成立させた。
エ．隈板内閣は、自由党の支持を得て地租増徴案を成立させた。
(関西学院大)

☐3 ア

第4次伊藤博文内閣

明治⑩　1900.10～1901.5

伊藤博文（1841～1909）

※詳細は第1次内閣→p.18を参照

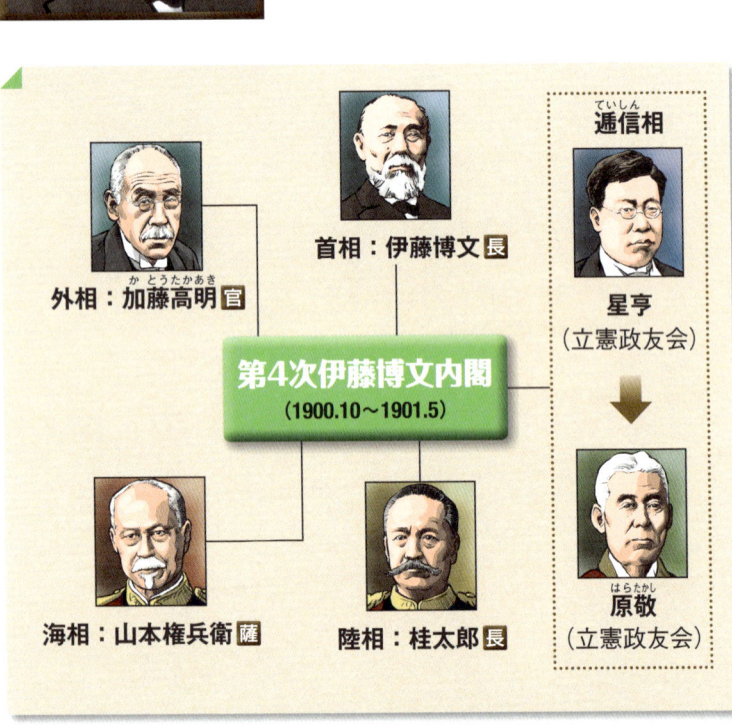

第4次伊藤博文内閣
（1900.10～1901.5）

- 首相：伊藤博文 長
- 外相：加藤高明（かとうたかあき）官
- 海相：山本権兵衛 薩
- 陸相：桂太郎 長
- 逓信相（ていしん）：星亨（立憲政友会）→ 原敬（はらたかし）（立憲政友会）

明治時代

当時の世の中

　超然主義の限界と議会政治の重要性を認識し、政府系与党結成を模索していた伊藤博文は、**憲政党**を基盤に伊藤系官僚をも取り込んで**立憲政友会**（以後、政友会）を組織し、自ら総裁となりました（1900.9）。

　これに対して、山県有朋など藩閥系政治家はもちろん、貴族院、そして明治天皇も強く反発しました。

　山県は伊藤および政友会を窮地に追いやるため退陣し、伊藤に政権を担当させました。第4次伊藤内閣は、軍部大臣・外相以外は政友会員で構成された、事実上の政党内閣でした。

　しかし、山県を中心とした陸軍と貴族院による攻撃、**星亨**の汚職事件、伊藤系官僚と旧憲政党勢力の対立により、伊藤は退陣を余儀なくされました。

　これを機に、伊藤と山県は一線を退き、**元老**として政治に影響力を及ぼし続けます。山県の後継**桂太郎**、伊藤の後継**西園寺公望**が交互に政権を担当することになります。事実上の院政合戦となったわけです。

西暦年	事　項	
1901	.5 社会民主党結成 →2日後に禁止	.2 官営八幡製鉄所操業開始

入試ではこう出る

□1　1900年、伊藤博文自ら総裁となって組織した政党は何か。
(オリジナル)

□1　立憲政友会

歴史の流れがわかる図解まとめ
議会政治

■議会開設〜日清戦争　…対立期　**初期議会**

内閣（**超然主義**）VS 民党

第1次 山県有朋内閣 （長州）	**第1議会**（1890.11） 政府…主権線防衛・**利益線**確保→軍備拡張 衆議院・民党…「**民力休養・政（経）費節減**」主張 **減税・軍事費削減**要求 ⇒政府は立憲自由党の土佐派を抱き込み、予算案成立
第1次 松方正義内閣 （薩摩）	**第2議会**（1891.11） 衆議院・民党…軍事予算拡張に反対（軍艦建造費問題） 政府…海相**樺山資紀**［薩］　**蛮勇演説**→藩閥政府擁護 ⇒解散、第2回総選挙 　内相：**品川弥二郎**［長］の選挙干渉 ⇒民党勝利 **第3議会**（1892.5） 軍事費追加予算否決→内閣退陣
第2次 伊藤博文内閣 （長州）	**第4議会**（1892.11）　元勲内閣 衆議院・民党…軍艦建造費削減決定 政府…「和衷協同の詔書」 ⇒予算成立 **第5議会**（1893.11） 条約改正問題などで紛糾→**対外硬派**（**立憲改進党**中心） ⇒議会解散 **第6議会**（1894.5） 内閣弾劾上奏案(不信任案)可決 甲午農民戦争⇒議会解散

日 清 戦 争（1894.7〜95.4）

■日清戦争後　…対立→協調

第2次 伊藤博文内閣 （長州）	日清戦争後、自由党と協調 →板垣退助が内相として入閣
第2次 松方正義内閣 （薩摩）	**進歩党**と提携（1896.9）、大隈外相就任⇒松隈内閣 **貨幣法**成立（1897.3） ⇒**金本位制確立**、金2分（0.75g）＝金1円
第3次 伊藤博文内閣 （長州）	地租増徴問題で自由党・進歩党と内閣が衝突 ⇒自由党と進歩党の合同による**憲政党**結成（1898） ⇒第6回総選挙、憲政党圧勝
第1次 大隈重信内閣 （肥前）	**初の政党内閣**（1898.6） 　首相：大隈重信、内相：板垣退助　⇒　**隈板内閣** **共和演説事件**（文相：尾崎行雄辞職）→内閣崩壊
第2次 山県有朋内閣 （長州）	**憲政党**（旧自由党系）と協調（1898.11） 　地租増徴案成立　2.5%→3.3% 　［弾圧策］　文官任用令改正（1899） 　　　　　　**軍部大臣現役武官制**制定（1900） 　［妥協策］　衆議院議員選挙法改正（1900） 　　　　　・直接国税下限額：10円（有権者比:2.2%） 　　　　　・大選挙区制採用 　［社会運動弾圧策］　**治安警察法**公布（1900）
第4次 伊藤博文内閣 （長州）	伊藤が**憲政党**を抱き込み、**立憲政友会**結成（1900） ⇒貴族院反発
第1次桂太郎 内閣（長州）	**元老**山県が支持。官僚・貴族院勢力
第1次西園寺公望 内閣（公家）	**立憲政友会**が基盤、**元老**伊藤が支持

議会政治

■憲政党結成・分裂

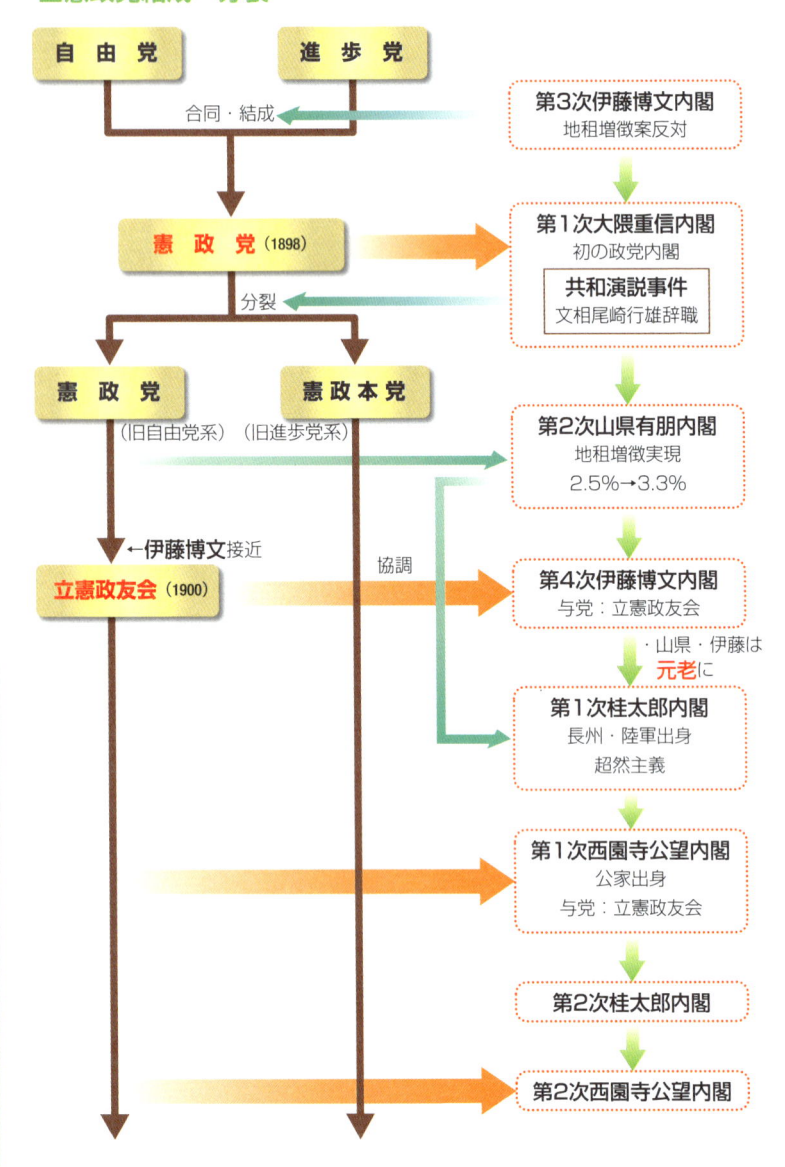

```
[自由党]  [進歩党]
     合同・結成
         ↓
   [憲政党](1898) ← 第3次伊藤博文内閣（地租増徴案反対）
         ↓ 分裂
   [憲政党]   [憲政本党]
  (旧自由党系)(旧進歩党系)
```

- 第3次伊藤博文内閣
  - 地租増徴案反対

- 第1次大隈重信内閣
  - 初の政党内閣
  - **共和演説事件**
  - 文相尾崎行雄辞職

←伊藤博文接近／協調

- **立憲政友会**(1900)

- 第2次山県有朋内閣
  - 地租増徴実現
  - 2.5%→3.3%

- 第4次伊藤博文内閣
  - 与党：立憲政友会
  - ・山県・伊藤は**元老**に

- 第1次桂太郎内閣
  - 長州・陸軍出身
  - 超然主義

- 第1次西園寺公望内閣
  - 公家出身
  - 与党：立憲政友会

- 第2次桂太郎内閣

- 第2次西園寺公望内閣

明治時代

解 説

明治期の議会政治は大きく3期に分けて整理することができます。
①日清戦争までの政府と民党との対立（**初期議会**）
②日清戦争後の政府と民党との協調
③元老**山県有朋**主導による官僚勢力と、元老**伊藤博文**が結成した**立憲政友会**による攻防（**桂園時代**）

第1議会では民党が過半数を上回りました。首相山県有朋→p.26は日清戦争を視野に「**利益線**」確保＝朝鮮獲得を前提として増税を示唆し軍備拡張を目指し、同時に、民党勢力を抱き込み予算案を成立させます。第1次松方正義内閣→p.30では**蛮勇演説**を機に解散・総選挙を実施しますが、内閣は退陣に追い込まれました。第2次伊藤博文内閣→p.34では、和衷協同の詔書で予算を成立させる苦しい議会運営を強いられました。

日清戦争を機に伊藤は、民党自由党との協調に踏み切りました。松方も進歩党と協調し、大隈を外相に起用しました→p.38。

第3次伊藤内閣→p.40で提案された地租増徴案に自由党・進歩党は合同して**憲政党**を組織、反対しました。大隈を首相とする**初の政党内閣**→p.42が組織されましたが、**共和演説事件**で党分裂・内閣崩壊にいたりました。

ロシアとの関係悪化をふまえ山県は第2次内閣→p.46で**憲政党**と協調し、地租増徴を実現するだけではなく、**軍部大臣現役武官制**・**治安警察法**も成立させました。また、妥協策として選挙法を改正しました。

伊藤は、政府系与党の結成に着手し、憲政党を基盤に**立憲政友会**を組織し、みずから総裁となり、第4次内閣→p.50を組織しますが、貴族院の反発を招き短期で退陣しました。

明治初頭から政治を主導した薩長勢力の多くは、**元老**となり一線から退きました。山県は同郷・陸軍出身の**桂太郎**を指導し、官僚・貴族院勢力を中心とした政治運営を標榜し、伊藤は立憲政友会による議会運営をすすめ、**西園寺公望**を後継としました。そして、桂と西園寺が交互に組閣することになりました→p.56。

第1次桂太郎内閣

明治⑪　1901.6～1906.1

桂太郎（1847～1913）

長州藩出身。第11・13・15代首相。元老、陸軍大将。台湾協会学校（現拓殖大学）創立者・初代校長。**山県有朋**直系の政治家。ドイツ留学後、木戸孝允の勧めで**山県有朋**のもとで軍制を学ぶ。第3師団長、**台湾総督**歴任後、第3次伊藤、第1次大隈、第2次山県、第4次伊藤内閣の陸相。通算首相在職日数は歴代1位。

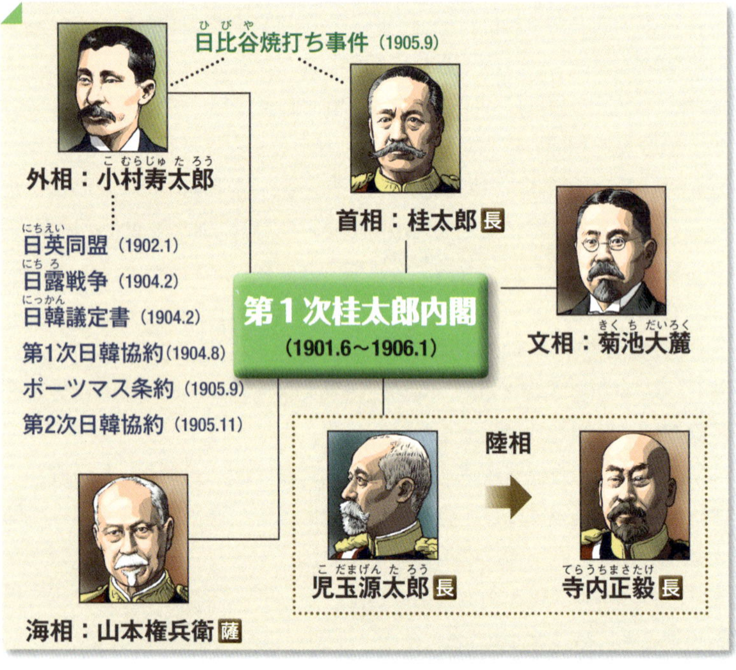

日比谷焼打ち事件（1905.9）

外相：小村寿太郎
- 日英同盟（1902.1）
- 日露戦争（1904.2）
- 日韓議定書（1904.2）
- 第1次日韓協約（1904.8）
- ポーツマス条約（1905.9）
- 第2次日韓協約（1905.11）

首相：桂太郎 長

文相：菊池大麓

第1次桂太郎内閣（1901.6～1906.1）

陸相：児玉源太郎 長 → 寺内正毅 長

海相：山本権兵衛 薩

56　明治時代

当時の世の中

　第4次伊藤博文内閣退陣後、当初は井上馨が組閣する予定でしたが辞退したため、山県有朋直系の**桂太郎**が首相に就任し、山県系官僚を中心に組閣しました。

　北清事変→p.48以後、対露関係は緊張・悪化していきました。当然、政府は軍備増強を画策します。これを推進する契機となったのが**日英同盟**→p.58の締結でした（1902.1）。伊藤らは戦争回避を模索し**日露協商論**を展開するも、山県や前外相加藤高明らの主張、外相**小村寿太郎**の交渉により、同盟が成立しました。

　国内では**内村鑑三**、**幸徳秋水**→p.66、**与謝野晶子**らの**非戦論**もありましたが、**日露戦争**が始まります（1904.2）。旅順攻略、日本海海戦勝利、樺太占領により戦争の勝利が決定的になります。

　アメリカは「満州」進出を画策しており、また日本の依頼もあって、大統領セオドア＝ローズヴェルトが講和条約を斡旋します（**ポーツマス条約**→p.58）。

　条約は調印（1905.9.5）されましたが、「賠償金」獲得を期待した民衆は強く反発し、東京での日比谷焼打ち事件を契機に講和反対運動が全国化しました。政府は初めての**戒厳令**布告によって鎮静させましたが、この事件は大正デモクラシーの先駆となりました。

　しかし、戦争勝利は日本の大陸政策を大きく進展させ、**第2次日韓協約**→p.58による**韓国保護国化**、南「満州」進出を実現しました。

Point 第1次桂太郎内閣

- ☑ 日英同盟論（桂・小村・山県）vs.日露協商論（伊藤・井上）
- ☑ 非戦論 ⇨ 内村鑑三（キリスト教徒）、幸徳秋水（社会主義者）
　　　　　　　与謝野晶子（文壇）

関連人物・事件

日英同盟

日英間の軍事同盟。1902年1月30日に調印・発効。第2次（1905）、第3次（1911）と継続され、失効（1923.8）するまで日本の大陸進出など外交政策の基盤となった。イギリスは**北清事変**後、ロシアの「満州」における動きを警戒し、「**栄光ある孤立**」の方針を転換、ロシアの動向に危機感をもつ日本に接近した。桂太郎首相・小村寿太郎外相は、伊藤博文らの**日露協商論**（戦争回避・協調策）をおさえて同盟を締結した。内容は、①締結国が他国と交戦した場合、同盟国は中立維持、②締結国が2国以上と交戦した場合、同盟国は参戦義務を負う、というものであった。

日韓協約

1904～07年、3度にわたり韓国（大韓帝国）との間で締結。植民地支配の先駆となる。日露戦争前半（1904）の段階で、韓国は日本と、日本の軍事行動に便宜をはかる**日韓議定書**を結び、**第1次協約**（1904.8）により日本人財務・外交顧問を受け入れた。翌年には、日米間での**桂・タフト協定**、第2次日英同盟、日露間での**ポーツマス条約**で日本の**韓国に対する指導権**承認を受け、**第2次協約**による**保護国化**を実現。**外交権接収**・（韓国）**統監府**設置を実現した。初代統監には**伊藤博文**が就任。**ハーグ密使事件**（1907）後、**第3次協約**で**内政権**を接収、韓国軍を解散させた。

ポーツマス条約

日露講和条約。1905年9月5日、アメリカ東部のポーツマスで調印。アメリカ大統領**セオドア＝ローズヴェルト**が斡旋。日本全権は**小村寿太郎**外相、ロシア全権は**S＝ヴィッテ**。条約内容は、①韓国における日本の指導権承認、②北緯50度以南の樺太割譲、③**旅順**－**長春**間の**東清鉄道**南満洲支線と付属権益の割譲、④**関東州**（旅順・**大連**を含む遼東半島南端部）租借権の譲渡、⑤沿海州沿岸・カムチャッカ漁業権供与。日本では賠償金を獲得できなかったことから、**日比谷焼打ち事件**を機に講和反対運動が広がり、政府は**戒厳令**布告で対応した。

西暦年	事 項	
1901		.12 田中正造、鉱毒問題で天皇直訴（失敗）
1902	.1 日英同盟	
1903		.4 国定教科書制度
		.11 平民社結成
1904	.2 日露戦争、日韓議定書	
	.8 第1次日韓協約	
1905	.9 ポーツマス条約	
	日比谷焼打ち事件	
	.11 第2次日韓協約	

入試ではこう出る

□1 山県有朋の庇護を受け、陸軍の制度改革に尽力し頭角を現した人物で、自身が組閣した内閣の前後を通じ、陸軍省の最高責任者の座にあったのは誰か。
（慶應義塾大／法）

□1 桂太郎

□2 第4次伊藤博文内閣が成立したのち、これに反発する官僚勢力は、山県有朋を中心に結集し、官僚、貴族院が支える内閣が誕生する。この内閣がおこなったことを、次の1～4の中から1つ選べ。
 1. 韓国併合
 2. 治安警察法の制定
 3. 鉄道国有法の制定
 4. 第2次日韓協約の締結
（同志社大）

□2 4

第1次桂太郎内閣

第1次西園寺公望内閣

明治⑫　1906.1～1908.7

西園寺公望（1849～1940）

立憲政友会第2代総裁。第12・14代首相。「**最後の元老**」として大正・昭和天皇を輔弼。清華家（摂関家に次ぐ家格）徳大寺家出身。実兄は侍従長などを務めた徳大寺実則。弟末弘威麿は京都法政学校（現、**立命館大学**）理事（名称は西園寺の塾名）。末弟隆麿は入婿として**住友財閥**を継承。

外相
加藤高明 官
↓
林董 幕

鉄道国有法…（1906.3）

首相：西園寺公望 公
（立憲政友会）

文相：牧野伸顕 官

第1次西園寺公望内閣
（1906.1～1908.7）

陸相：寺内正毅 長

統監府設置（1906.2）
ハーグ密使事件
（高宗、密使派遣）（1907.6）
第3次日韓協約（1907.7）
日露協約（1907.7）

海相：斎藤実

内相：原敬
（立憲政友会）

日本社会党結成（1906.1）
赤旗事件（1908.6）

明治時代

当時の世の中

　日露戦争中、良好な関係を築いていた**桂太郎**との密約で、**立憲政友会**を基盤とした第1次西園寺公望内閣が成立したとされています。桂太郎と西園寺公望はこの時期交代で首相を務めたことから、明治末期は「**桂園時代**」と呼ばれます。

　日露戦争後の財政問題を任されるなど「貧乏クジ」をひかされた感がありますが、政党内閣制・議会政治確立を標榜しつつも、現実的には桂頼みで政権を運営していきました。そのため、政友会の実力者である**原敬**内相と微妙に対立しました。

　鉄道国有法（1906）→p.62制定、**第3次日韓協約**（1907）・（第1次）**日露協約**（1907）成立などは桂時代の政策を事実上継承していますが、社会主義政党**日本社会党**の活動を公認（＝合法化）（1906）することもしています。西園寺は、元老たちの意に沿った政策を遂行しながら、政友会総裁として政党政治実現に向けた努力は続けました。

　しかし、社会運動の台頭を望まない元老**山県有朋**は、運動取締りの圧力をかけます。当時、**足尾銅山争議**（1907）以降、炭坑・鉱山などで暴動が頻発し、**日本社会党**→p.62も幸徳秋水→p.66ら急進派が台頭していました。

　社会主義者が大量に検挙された**赤旗事件**（1908.6）が契機となり、先の総選挙で圧勝していたにもかかわらず、西園寺は退陣を決めました。

Point 第1次西園寺公望内閣

☑ 日韓協約 ⇒ ［第1次 日本人財政・外交顧問採用］　（第1次
　　　　　　　　第2次 保護国化、統監府設置　　　　　桂内閣）
　　　　　　　　第3次 内政権接収、韓国軍解散

☑ （第1次）日露協約（1907） ⇒ 日露関係緊密化、
　　　　　　　　　　　　　　　　米の台頭阻止

関連人物・事件

鉄道国有法

全国の鉄道網の官営一元化のため、私鉄国有化を定めた法律。1906年3月成立。政府は明治初頭から鉄道敷設については官設官営を基本方針としたが、西南戦争以後の財政難により、幹線鉄道は民営依存であった。1881年設立の初の私鉄会社**日本鉄道会社**が好調に業績を上げたため**私鉄設立ブーム**が起きた。日清戦争後、軍事上の観点から鉄道国有化問題が起こり、財閥・資本家の反対を押し切るかたちで1906年に法案成立。日本鉄道など17私鉄が買収され、営業距離は買収前から3倍に増加した。戦後、**国鉄**となるが、1987年に**分割民営化**された(中曽根内閣参照→p.224)。

日本社会党

1906年1月成立の最初の**合法社会主義政党**。初の社会主義政党である**社会民主党**(1901結成)が、**治安警察法**→p.48によりすぐに禁止された経緯があった。融和政策を掲げた第1次西園寺公望内閣のもと**堺利彦**らが中心となり結党。**幸徳秋水**→p.66がアメリカから帰国後、ストライキによる「**直接行動論**」を主張するグループが勢力を拡大。そのため、山県らの圧力により、活動停止状態に追い込まれ、**赤旗事件**(1908.6)により主力メンバーの多くが投獄された。

西暦年	事　　項	
1906	.1 日本社会党結成	
	.2 統監府設置(統監:伊藤)	
	.3 鉄道国有法	
	.8 関東都督府官制公布	
	.11 南満州鉄道株式会社設立	.10 米で日本人学童隔離問題
1907	.6 ハーグ密使事件	.2 足尾銅山暴動
	.7 第3次日韓協約	→鉱山で暴動頻発
	第1次日露協約	
1908	.6 赤旗事件	

62　明治時代

入試ではこう出る

☐**1** 1894年、第2次伊藤博文内閣の文部大臣に就任し、京都帝国大学創設の計画案をまとめ上げ、後には2度にわたって内閣を組織することになる**華族出身**の人物は誰か。

(立命館大)

☐**1** 西園寺公望

☐**2** 第3次日韓協約を結んだ際の、日本の首相は誰か。次のA〜Eの中から1つ選び、記号で答えよ。
A. 桂太郎　　B. 西園寺公望
C. 山県有朋　D. 伊藤博文
E. 田中義一

(明治大)

☐**2** B

☐**3** 第1次西園寺公望内閣の時の出来事として正しいものはどれか。次のa〜dの中から1つ選び、記号で答えよ。
a. ジーメンス事件
b. 大逆事件
c. 鉄道国有法成立
d. 戊申詔書発布

(立教大)

☐**3** c

● [コラム] 公家出身ならではの別格扱い。薩長以外の唯一の元老 ●

西園寺公望は**伊藤博文**の憲法調査の渡欧に随行したことを機に、伊藤の信頼を得ました。そして伊藤の後継として**立憲政友会総裁**となり、公家出身で初の首相となりました。退任後、**元老**に列せられ、松方正義没後は事実上首相を推挙する役割を担います。また、約10年間のフランス留学経験を生かし**パリ講和会議**の全権にもなっています。教育機関設立にも寄与、**京都帝国大学**を設立し、また実弟設立の学校に自身の私塾「**立命館**」の名を冠しました。

第2次桂太郎内閣

明治⑬　1908.7～1911.8

桂太郎（1847～1913）

※詳細は第1次内閣→p.56を参照

第2次桂太郎内閣（1908.7～1911.8）

- 第2次日露協約（1910.7）
- 韓国併合条約（1910.8）
- 日米新通商航海条約（1911.2）
- 第3次日英同盟（1911.7）

首・蔵相：桂太郎 長

工場法（1911.3）
農商務相：大浦兼武（おおうらかねたけ）薩

外相：小村寿太郎

内相：平田東助（ひらたとうすけ）官
- 戊申詔書（ぼしんしょうしょ）（1908.10）
- 大逆事件（たいぎゃく）（1910.5）
- 特別高等警察（課）設置（1911.8）

海相：斎藤実

陸相：寺内正毅 長
（初代朝鮮総督）

64　明治時代

当時の世の中

　元老山県有朋の圧力で退陣したとされる西園寺公望の後を受け、桂太郎が2度目の組閣をおこないました。当然のように、山県の意を受けて、思想統制策を積極的におこないました。

　日露戦争後は、国家主義に対する疑念や、都市において実利追求の動きが現れはじめたので、この内閣は就任直後に**戊申詔書**（1908.10）を出し、国民道徳の強化をはかりました。

　高まる社会運動に対しては、**大逆事件**（1910.5）で多くの活動家を検挙し、翌年**幸徳秋水**→p.66・管野スガら12名を処刑、また警視庁内に**特別高等警察（課）**（特高）を設置し、大弾圧を加えました。これ以降、運動は「冬の時代」と称される停滞期に突入しました。

　弾圧策だけではなく、**工場法**→p.66を制定（1911.3）し、労働条件を改善する政府の方針を示すなど、「**アメ**」と「**ムチ**」を巧みに使い分けました。ただし、同法は施行が5年後とされるなど、十分な内容ではありませんでした。

　外交は、長年の懸案事項が一気に解決します。最重要政治課題であった不平等条約問題は、**日米新通商航海条約**調印（1911.2）を機に税権の完全回復を実現します。そして、朝鮮半島問題も、前統監であった**伊藤博文**がハルビン駅で韓国民族運動家**安重根**により**暗殺**されたこと（1909.10）をきっかけに一気に進展させ、**韓国併合条約**（1910.8）を調印、**韓国植民地化**を実現しました。

Point　第2次桂太郎内閣

- ☑ 大逆事件（1910）　⇨　幸徳秋水ら死刑、特高設置（1911）
　　　　　　　　　　　⇨　社会運動「冬の時代」
- ☑ 工場法（1911）　⇨　初の労働者保護法、1916年施行、
　　　　　　　　　　　　従業員15人未満の工場には不適用

関連人物・事件

幸徳秋水 (1871～1911)

明治期の思想家かつ社会主義者。秋水の名は同郷（土佐）の師中江兆民が命名。黒岩涙香創刊の『万朝報』の記者として、権力を批判する記事を書く。立憲政友会結成を批判した「自由党を祭る文」(1900)はよく知られる。また、帝国主義を批判した『廿世紀之怪物帝国主義』を刊行(1901)し、田中正造が計画した足尾銅山鉱毒事件解決のための明治天皇への直訴状を執筆。日露戦争に対して開戦論へと方針を転換させた『万朝報』を辞め、同僚の堺利彦らと平民社を組織(1903)し『平民新聞』を刊行、非戦論を展開した。合法社会主義政党として活動していた日本社会党にアメリカからの帰国後に合流し、急進的な直接行動論を主張、無政府主義の色合いを強めた。1910年、いわゆる大逆事件で逮捕され、翌年死刑判決を受け即執行された。

工場法

幼年労働者および女子労働者を中心に工場労働者の保護を目的に制定(1911)。農商務省刊『職工事情』を基礎資料とする。資本家の反対により、施行は5年後とされた。内容は、①15人以上の工場に適用、②就業年齢は12歳以上、③労働時間は12時間未満、④休日は月2回、⑤深夜業禁止、などとされた（③・④・⑤は15歳未満および女性のみ適用に限る）。労働基準法(1947)により廃止。

西暦年	事 項	
1908	.10 戊申詔書公布	
1909		.10 伊藤博文暗殺（ハルビン）
1910	. 5 大逆事件	
	. 7 第2次日露協約	
	. 8 韓国併合条約	
	朝鮮総督府設置	
1911	. 2 日米新通商航海条約	
	. 3 工場法制定	
	. 7 第3次日英同盟	

入試ではこう出る

□1 日本の関税自主権の完全回復が果たされた時の首相は誰か。
(慶應義塾大／文)

□1 桂太郎

□2 **初代朝鮮総督**に任命された人物の姓名を漢字で記せ。
(同志社大)

□2 寺内正毅

□3 工場法に関する説明として、誤っているものを、次のア〜エから1つ選び、記号で答えよ。
ア．立憲政友会を基盤とする西園寺公望内閣の時に制定された。
イ．12歳未満の児童の就業禁止を定めた。
ウ．年少労働者・女性労働者の深夜業を原則として禁止した。
エ．法の適用範囲は、15人以上を雇用する工場に限定されていた。
(関西学院大)

□3 ア

□4 工場法に関する記述として正しくないものはどれか。次のa〜dから1つ選び、記号で答えよ。
a．工場法が公布された時の内閣総理大臣は桂太郎である。
b．施行は1916年まで延期された。
c．男女を問わず、就業時間の限度を1日12時間としていた。
d．適用対象は15人以上の職工を雇用する工場に限られていた。
(立教大)

□4 c
※15歳未満および女性のみの適用に限られた。

□5 韓国併合条約が調印された時の日本の首相は誰か。
(慶應義塾大)

□5 桂太郎

第2次西園寺公望内閣

明治⑭・大正① 1911.8〜1912.12

西園寺公望 (1849〜1940)

※詳細は第1次内閣 →p.60 を参照

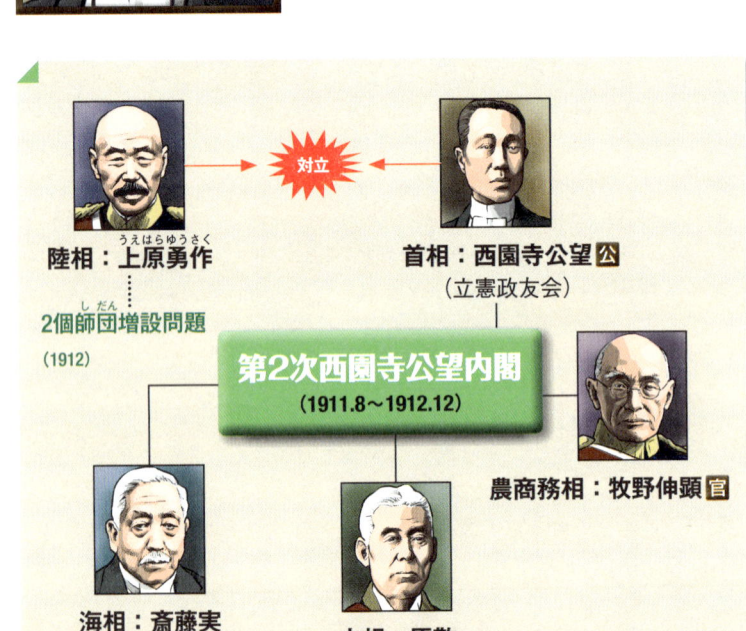

- 陸相：上原勇作（うえはらゆうさく） ⇔ 対立 ⇔ 首相：西園寺公望 公（立憲政友会）
- 2個師団増設問題（1912）
- 農商務相：牧野伸顕 官
- 海相：斎藤実
- 内相：原敬（立憲政友会）

第2次西園寺公望内閣（1911.8〜1912.12）

明治時代・大正時代

当時の世の中

　第1次内閣同様、**桂太郎**の後を受けて、西園寺公望が第2次内閣を組織します。

　今回も「貧乏クジ」をひかされた感があります。日露戦争後の財政問題に加えて、**辛亥革命**（1911.10）→p.78によって大陸情勢の変化が彼の政権を大きく揺さぶります。

　陸軍は、権益維持のため中国に大きく圧力をかけることを画策しました。2個師団を増設し、朝鮮と中国の国境に配備することを主張します。行財政改革を主張する西園寺は、これを拒絶し、陸軍と対立しました（**2個師団増設問題**）。

　西園寺の後ろ盾であった伊藤博文の暗殺（1909.10）後、相対的に力を増した元老山県有朋の思惑により、陸軍は陸相**上原勇作**が**帷幄上奏**（統帥権独立に基づき、陸相・海相が首相を介さず軍令事項を天皇に上奏すること）して辞職、後任の陸相を推薦しませんでした。このため、**軍部大臣現役武官制**→p.48により内閣は総辞職に追い込まれました。

　任期中に、明治天皇が崩御（1912.7）し、「大正」に改元されました。

西暦年	事　項	
1911		.10 辛亥革命（中国）
1912	.7 明治天皇崩御 2個師団増設問題	

入試ではこう出る

□1　**2個師団増設問題** 当時の内閣を組織していた首相は誰か。
(立命館大)

□1　西園寺公望

第2次西園寺公望内閣　69

第3次桂太郎内閣

大正②　1912.12～1913.2

桂太郎（1847～1913）

※詳細は第1次内閣→p.56を参照

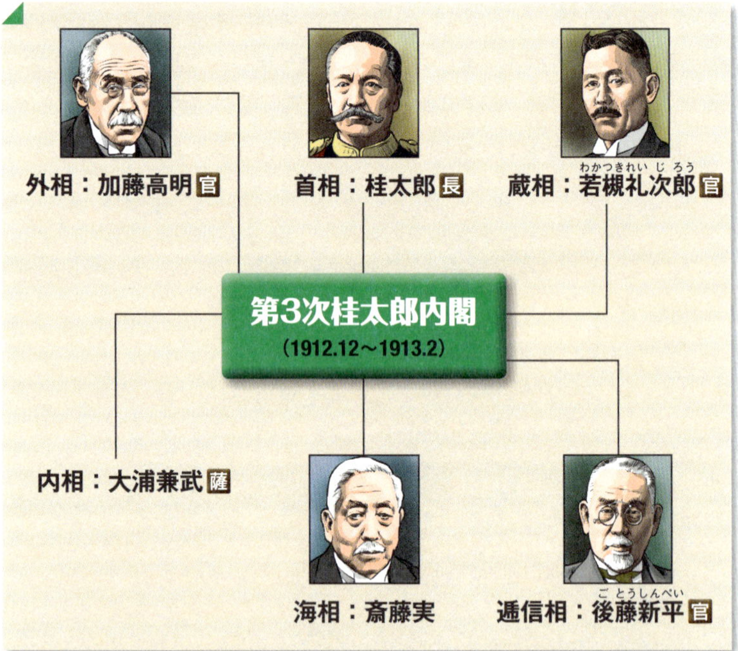

- 外相：加藤高明 官
- 首相：桂太郎 長
- 蔵相：若槻礼次郎 官
- 内相：大浦兼武 薩
- 海相：斎藤実
- 逓信相：後藤新平 官

第3次桂太郎内閣
（1912.12～1913.2）

大正時代

当時の世の中

再び西園寺公望を退陣に追い込んだ元老山県有朋の課題は、陸軍2個師団の増設でした。山県は桂太郎に3度目の組閣をさせました。

当時、桂は**内大臣**・**侍従長**でした。これらの職に就くことは、事実上の政界引退と考えられていたので、桂の組閣は国民の反発を招きました。

立憲政友会の**尾崎行雄**→p.44・立憲国民党の**犬養毅**→p.122らは「**閥族打破・憲政擁護**」をスローガンに退陣要求をおこないました（〈**第一次**〉**護憲運動**）。尾崎がおこなった弾劾演説には、ジャーナリズム・民衆も同調しました。

桂は反立憲政友会勢力を糾合し、新党（後の**立憲同志会**）を組織して、この動きに対抗しようとしました。しかし、桂の動きに反発した民衆が国会議事堂を包囲するなど大混乱の状態になりました。

結局、桂は衆議院議長大岡育造の建言を受け入れ、退陣しました。（**大正政変**）。その後、桂は病没しました。在任期間は62日間で、日米戦争前では最短命内閣でした（歴代では、東久邇宮内閣→p.168〈54日間〉に次いで第2位）。

西暦年	事　項
1912	.12 第一次護憲運動
1913	. 2 桂内閣退陣＝大正政変

※入試ではこう出る…p.82

第1次山本権兵衛内閣

大正③ 1913.2～1914.4

山本権兵衛 (1852～1933)

薩摩藩出身。海軍大将。第16・22代首相。西郷隆盛と行動を共にしたが、西南戦争後は西郷の弟の西郷従道を支えた。日清戦争後、海軍の近代化を進め、日露戦争の勝利に貢献した。立憲政友会を与党として組閣。

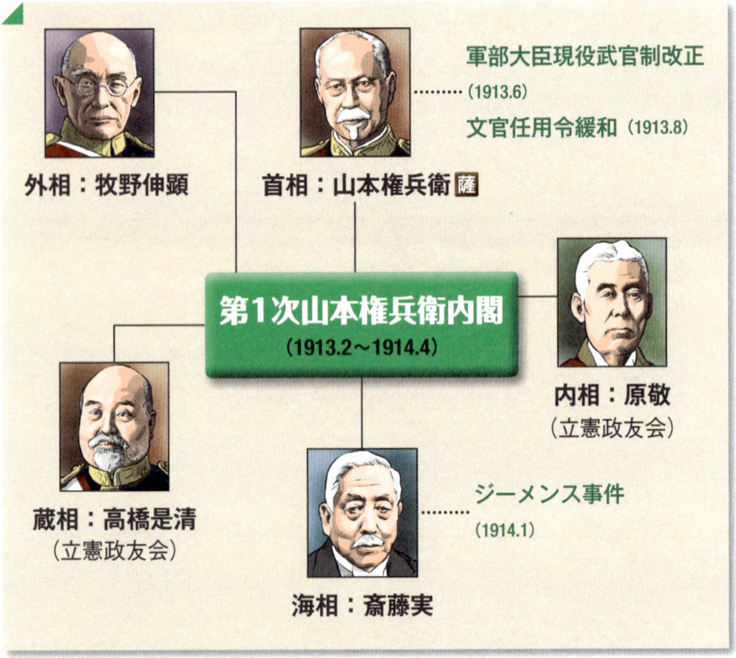

第1次山本権兵衛内閣 (1913.2～1914.4)

- 外相：牧野伸顕
- 首相：山本権兵衛 薩
  - 軍部大臣現役武官制改正 (1913.6)
  - 文官任用令緩和 (1913.8)
- 内相：原敬（立憲政友会）
- 海相：斎藤実
  - ジーメンス事件 (1914.1)
- 蔵相：高橋是清（立憲政友会）

大正時代

当時の世の中

　前任の桂太郎内閣が、民衆運動によって崩壊した後、元老大山巌の推挙により、大山自身と同じ薩摩藩出身で、海軍の山本権兵衛が組閣することになりました。

　議会運営の観点からも、与党とした**立憲政友会**と協調・妥協策をはかり、原敬が内相、高橋是清が蔵相に就任しました。また、第2次山県内閣で制定された**軍部大臣現役武官制→p.48の改正**（＝現役規定撤廃）（1913.6）により、軍部の政党への圧力を廃しました。さらに**文官任用令緩和**（1913.8）に踏み切りました。

　ところが、海軍高官の汚職が発覚し（**ジーメンス事件**、1914.1）、野党勢力の追及もあり、内閣総辞職となりました。

西暦年	事　項
1913	.6 軍部大臣現役武官制改正
	.8 文官任用令緩和
1914	.1 ジーメンス事件

※入試ではこう出る…p.82

第2次大隈重信内閣

大正④ 1914.4～1916.10

大隈重信（おおくましげのぶ）（1838～1922）

憲政党分裂後、旧進歩党系による**憲政本党**を率いたが、1907年に政界引退。その後、**早稲田大学**総長に就任。元老勢力の要請により2度目の組閣をおこなう。代表与党は**立憲同志会**。

※第1次内閣→p.42 も参照。

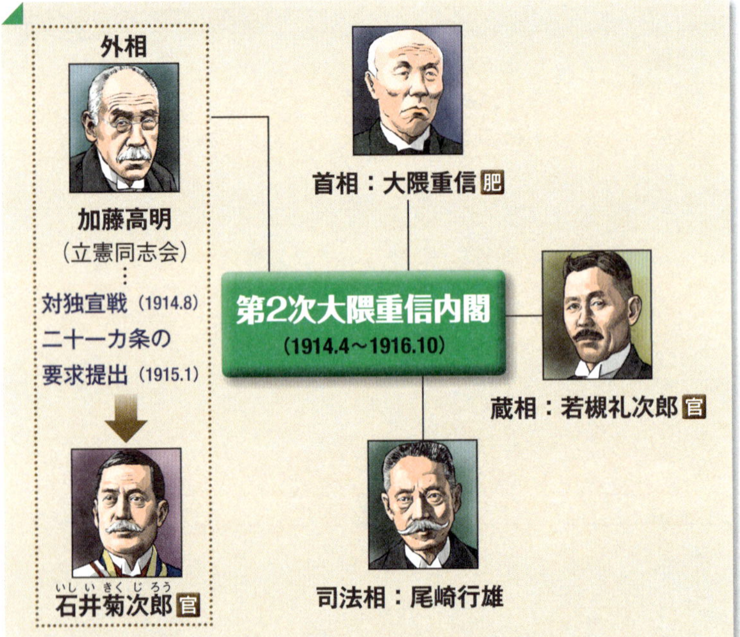

第2次大隈重信内閣 (1914.4～1916.10)

- 首相：大隈重信 肥
- 外相：加藤高明（立憲同志会）
  - 対独宣戦（1914.8）
  - 二十一カ条の要求提出（1915.1）
  - → 石井菊次郎（いしいきくじろう）官
- 蔵相：若槻礼次郎 官
- 司法相：尾崎行雄

74　大正時代

当時の世の中

　山県有朋ら元老勢力は、政界引退後も国民に広く支持されていた大隈重信に2度目の組閣をおこなわせました。この第2次大隈重信内閣は、**立憲同志会**を中心とした反立憲政友会勢力を与党としました。この実質的なリーダーは、三菱出身で岩崎弥太郎の娘婿であった外相**加藤高明**でした。

　組閣直後、**第一次世界大戦**（1914.7）が起こり、これを好機ととらえた外相加藤などの進言もあり、**日英同盟**（第3次）→p.58を根拠にドイツに対して宣戦を布告しました。日本は**山東半島青島**を占領し、大陸市場拡大を目指しました。また、**赤道以北ドイツ領南洋諸島**をも占領し、軍事基地を拡大しました。翌年には**袁世凱**政権に**二十一カ条の要求**を提出（1915.1）し、権益拡大を目論みました→p.78。

　組閣条件であった「**2個師団増設**」→p.68をめぐっては、野党立憲政友会と対立するも、解散・総選挙で2個師団増設案の成立にこぎつけました（1916.8）。しかし、汚職事件・選挙干渉問題による国民の反発、貴族院との対立もあり、内閣総辞職にいたりました（1916.10）。以後、大隈は完全に政界から引退しました。

西暦年	事　項	
1914	.8 対ドイツ宣戦布告	.7 第一次世界大戦勃発
1915	.1 二十一カ条の要求提出	
1916	.8 2個師団増設法案成立	
	.9 工場法施行	

※入試ではこう出る…p.83

寺内正毅内閣

大正⑤　1916.10～1918.9

寺内正毅（てらうちまさたけ）（1852～1919）

長州藩出身。陸軍軍人（元帥）。第18代首相。伊藤暗殺後、陸相のまま第3代韓国統監となり、**韓国併合**を断行した。1910年、**朝鮮総督府**設置後、初代**総督**就任。**武断支配**によって朝鮮支配を確立した。山県の推挙により組閣。

首・蔵相：寺内正毅 長
- 西原借款開始（にしはらしゃっかん）（1917.1）
- 金輸出禁止（1917.9）
- 石井・ランシング協定（1917.11）
- 米騒動（こめそうどう）（1918.8）

寺内正毅内閣（1916.10～1918.9）

海相：加藤友三郎（かとうともさぶろう）

内相：後藤新平 官

76　大正時代

当時の世の中

　第一次世界大戦の状況下、日本は中国への積極進出を画策します。大隈重信退陣後、元老山県有朋は韓国併合で功のあった陸軍の寺内正毅を首相に推挙しました。元帥の寺内は、山県系による超然内閣を組織し、政党との対決姿勢を明確にしました。

　この内閣は積極的な外交政策をおこない、対中政策では内政干渉として、寺内の私設秘書西原亀三がおこなった**西原借款**により、袁の後を継いだ**段祺瑞**の政権（**北京政府**）に経済的影響力を及ぼしました→p.78。またヨーロッパ情勢に対応して、**金本位制停止**を実施しました。

　1917年2月の**ロシア革命**は、初の共産主義革命として、日本だけでなく世界にも衝撃を与えました。日本は、日露戦争後、ロシアとの協調関係により大陸政策を進展しましたが、革命により協調関係が消滅しました。日本の対中政策に不満をもっていたアメリカは、即座に日本に圧力をかけてきました（**石井・ランシング協定**、1917.11）。また、日本はアメリカ提案による**シベリア出兵**に同意しました→p.80。

　しかし、シベリア出兵の決定が、大戦景気による米価上昇に拍車をかけたため、**富山県**から暴動が発生し、全国に広がりました（**米騒動**、1918.8）。この結果、寺内内閣は、世論の激しい攻撃を受け、総辞職しました。

西暦年	事　項	
1917	.1 西原借款開始	.2 ロシア革命（三月革命）
	.9 金輸出禁止	.4 アメリカ、対ドイツ宣戦
	.11 石井・ランシング協定	.11 ロシア革命（十一月革命）
1918	.8 シベリア出兵⇒米騒動	

※入試ではこう出る…p.83

寺内正毅内閣

大正期の外交①

歴史の流れがわかる図解まとめ

■中国の状況

辛亥革命（1911） →・清朝の滅亡→ **中華民国**成立（1912）　・初代大総統 **袁世凱**

■第一次世界大戦 （1914〜18）

＜ヨーロッパの状況＞

[背景]　**帝国主義国家間の対立**

三国同盟　　　　　　　**VS**　　　　　　　**三国協商**
ドイツ　　　　　　　　　　　　　　　　　　フランス
イタリア　オーストリア　　　　　　　イギリス　　ロシア

ゲルマン民族　　　民族対立　　　**スラブ民族**

　　　　　　　　　　　　　　　　　・セルビア（スラヴィア）

[契機]　**サライェヴォ事件**　セルビア人青年がオーストリア王位継承者夫妻を暗殺

↓

第一次世界大戦

＜日本の参戦＞

第2次大隈重信内閣　・外相：加藤高明、元老：井上馨提言

[理由]…第3次 **日英同盟**

[目的]…勢力圏拡大 { 経済的：**山東半島青島**占領
軍事的：**赤道以北ドイツ領南洋諸島**占領（**軍事基地拡大**）

■第一次世界大戦期の動向 （1914〜18）

＜対中政策＞　**内政干渉策＝権益拡大**

二十一カ条の要求（1915）

第2次大隈重信内閣⇒ **袁世凱**政権（中華民国）、漢冶萍公司共同経営
→　16カ条承認（1915.5.9）＝国恥記念日

西原借款（1917〜18）　寺内正毅内閣　⇒　**段祺瑞**政権（北京政府）

大正時代

解　説

　大正期の外交は、中国の動向、ヨーロッパの動向を押さえることが大切です。このことは第2次世界大戦終結までの流れを知る上でも重要ですので、しっかり学習しましょう。

　1911年、孫文による**辛亥革命**により**清朝が滅亡**、**中華民国**が成立しましたが、初代大総統には軍閥の**袁世凱**がつき、孫文は亡命しました。

　ヨーロッパでは**帝国主義**国家間の対立（三国同盟vs.三国協商）、**民族対立**（ゲルマン民族〈オーストリア〉vs.スラブ民族〈セルビア〉）から、長期の戦闘状態になりました（**第一次世界大戦**）。

　日本はこれを好機ととらえ、**第2次大隈重信内閣** →p.74（外相：**加藤高明**）は大戦への参戦を表明しました。（第3次）**日英同盟**が参戦理由ですが、経済的・軍事的勢力圏拡大が目的でした。日本はイギリスと交戦するドイツの根拠地を占領しました。**山東半島青島**は市場拡大を、**赤道以北ドイツ領南洋諸島**は**軍事基地拡大**を目指したものでした。

　戦争長期化を視野に、日本は中国に内政干渉をおこないます。**袁世凱**政権に**二十一カ条の要求**を、続く**寺内正毅内閣** →p.76 では**段祺瑞**政権に借款を提案しました（**西原借款**）。

　このような対中政策を実現できたのは、ロシアの支援があったことを理解しておかなければなりません。

大正期の外交②

歴史の流れがわかる図解まとめ

■第一次世界大戦期の動向 (1914～1918)

＜対露（→ソ連）関係＞

日露戦争後の動向 … 対立 ⇒ **緊密化** ⇔ アメリカの中国進出阻止

⬇

日露協約 　満州の勢力圏設定
　　　　　　　第4次＝準軍事同盟、敵国はアメリカ

⬇

ロシア革命（1917） 　協約消滅 ⇒ 日露の**緊密関係崩壊**
　　　　　　　　　　　⇒ 国交断絶

共産主義革命 ←マルクス・レーニン主義
　　　　　　　　帝政崩壊 ⇒ **ソヴィエト政権**成立

⬆

シベリア出兵（1918～22） 革命政権打倒

[（名目）理由]：チェコスロバキア兵救出

[目的] 日本…対中政策の進展
　　　アメリカ…大戦後の政治・経済の主導権を握るため
　　　イギリス・フランス…「共産主義流入阻止」・「戦争継続」
　　　　※ソヴィエト政権はドイツと講和（**ブレスト＝リトフスク条約**）

[経過] **米騒動**（1918） 寺内正毅内閣

　　　尼港事件（1920）…ニコラエフスク（尼港）でソ連の
　　　　　　　　　　　　パルチザンが日本人居留民・将兵を殺害
　　　シベリアから撤収（1922）…加藤友三郎内閣

＜対米関係＞

日露戦争後の動向 … **関係悪化** ⇔ アメリカの中国進出阻止
　　　　　　　　　　　　　　　　アメリカは日本の後ろ盾であるロシアを警戒

ロシア革命（1917）

⬇

石井・ランシング協定（1917） 寺内正毅内閣

・石井菊次郎（日）⇔ ランシング（米）、日本の中国利権拡大に歯止め

解 説

　日露戦争後、日露両国は「満州」支配において協調策に転じ、4度にわたる日露協約を結びました。これは、「門戸開放宣言」以降、中国進出を目論むアメリカの動きを牽制するものでした。とくに、第4次日露協約（1916）は準軍事同盟としてアメリカの動きをおさえるのに大きな役割を果たしました。モンロー宣言により、アメリカの対中進出は大きく出遅れていました。アメリカが日露戦争の講和を斡旋したのは、満州進出を目論むものでした。しかし、講和後、日露両国はアメリカの動きを阻止したため、日米関係は悪化していました。

　そのような状況を一変させたのは、ロシア革命でした（1917）。ロシア革命は、初の共産主義革命でした。マルクス・レーニン主義（＝共産主義）により、王政が打倒され、ソヴィエト政権が誕生しました。

　このことは、ヨーロッパに大きな衝撃を与えました。ヨーロッパ各国は、フランスを除くと王国で占められていました。ドイツは、大戦中にワイマール体制＝共和国となり、ブレスト＝リトフスク条約によりソヴィエト政権と講和しました。イギリス・フランスは、「共産主義流入阻止」・「戦争継続」のため、ソヴィエト政権打倒を画策します。アメリカは大戦後の政治・経済の主導権を握るため、日本は対中政策を進展する観点からも、ロシア革命への干渉をはかります（シベリア出兵）。

　大戦終結により、イギリス・フランス・アメリカはシベリアから撤収しますが、日本は駐留を維持します。1920年には尼港事件も起こりますが、日本の撤収決定は1922年でした。日本は撤収時期の判断を誤り、多大な損害を残す結果となりました。

　アメリカはロシア革命を好機ととらえました。ソヴィエト政権が日露協約を破棄したため、日本は対中政策の後ろ盾を失いました。アメリカは日本を牽制する目的で石井・ランシング協定（1917）を結ばせました。日本は特派大使石井菊次郎、米は国務長官ランシングを代表として成立したこの協定は、日本の中国利権拡大に歯止めをかけるものでした。

大正期の外交②

入試ではこう出る

〈第3次桂太郎内閣〉

- □1 原敬が内閣を組織する以前は、「藩閥」出身の首相が「超然」的にデモクラシーに対処していた。大正デモクラシーの風潮のなかで倒閣された内閣首班の人物名を漢字で記せ。
（同志社大）

- □1 桂太郎

〈第1次山本権兵衛内閣〉

- □1 1913年に**軍部大臣現役武官制を緩和**し、**ジーメンス事件**により失脚した内閣総理大臣は誰か。
（同志社大）

- □1 山本権兵衛

- □2 **ジーメンス事件**で◻︎◻︎◻︎内閣は退陣した。空欄にあてはまる語句を記せ。
（早稲田大／法）

- □2 第1次山本権兵衛

- □3 軍部大臣現役武官制は改められ、予備・後備役まで資格が広げられる。この改革をおこなった内閣はどれか。次の1〜4の中から1つ選べ。
    1. 第2次大隈重信内閣
    2. 第3次桂太郎内閣
    3. 第2次西園寺公望内閣
    4. 第1次山本権兵衛内閣
（同志社大）

- □3 4

〈第2次大隈重信内閣〉

☐1 第1次山本権兵衛内閣が退陣した後、言論界や民衆に人気が高かった[　　]が内閣を組織した。空欄にあてはまる人物を答えよ。
(早稲田大／法)

☐1 大隈重信

☐2 進歩党の党首であるこの人物は、この後みずから内閣を組織し、1914年に2度目の組閣をおこなった。彼が2度目の総理大臣を務めていた時期に起きたものを、次の1～4の中から1つ選べ。
1. ジーメンス事件
2. 米騒動
3. 西原借款の供与
4. 二十一カ条の要求
(同志社大)

☐2 4

〈寺内正毅内閣〉

☐1 **石井・ランシング協定**がかわされたときの日本の首相名を答えよ。
(同志社大)

☐1 寺内正毅

☐2 1918年の**米騒動**により辞職した内閣の首相は誰か。
(早稲田大／人間科学)

☐2 寺内正毅

☐3 1916年に成立した寺内正毅内閣のもとで、段祺瑞政権に対しておこなわれた、通信や鉄道などの事業への政治借款の実行を実質的に担当した民間人は誰か。
(学習院大)

☐3 西原亀三

原敬内閣

大正⑥ 1918.9～1921.11

原敬（はらたかし）（1856～1921）

外務官僚から**立憲政友会**に参加。第3代総裁。1918年9月組閣。第19代首相。「**平民宰相**」と称され、初の**本格的政党内閣**を組織。「**普通選挙法**」には否定的であった。戦後恐慌突入後の1921年、東京駅で暗殺された。

原敬内閣（1918.9～1921.11）

- 首・司法相：原敬（立憲政友会）
  - 衆議院議員選挙法改正（1919.5）
  - 第1回メーデー（1920.5）
- 外相：内田康哉（うちだやすや）
  - パリ講和会議（1919.1）
  - 国際連盟加盟（1920.1）
- 内相：床次竹二郎（とこなみたけじろう）
- 蔵相：高橋是清
  - 四大政綱（せいこう）
- 陸相：田中義一 長
- 海相：加藤友三郎
- 文相：中橋徳五郎（なかはしとくごろう）
  - 大学令（1918.12）
- 鉄道相［新設］：元田肇（もとだはじめ）

84 大正時代

当時の世の中

米騒動により寺内正毅内閣は辞職に追い込まれ、また国際情勢を鑑みた元老山県有朋は政党との妥協を選択せざるをえませんでした。組閣を固辞した西園寺公望の推薦により、原敬が総理の座につきました。

原は、初めて衆議院議員かつ政党党首として総理大臣に就任しました。陸・海、外相以外はすべて与党**立憲政友会**員から組閣したことから、**初の本格的政党内閣**とされます。また、原は爵位をもたなかったことから「**平民宰相**」とも称されました。

ただ、原は上級武士の流れをくみ、庶民ではありません。また政策の多くが地主・資本家（財閥）の利益を誘導するもので、良くも悪くもわが国の政党政治のあり方を象徴しています。民衆が要求した「**普通選挙法**」には否定的で、地主層を取り込むため**選挙法を改正**→p.86しています。

内政面では、積極政策を推進し、とくに支持勢力の地主層の要求を受け入れ、**鉄道省**を新設し、**鉄道網の拡充**をすすめました。また、高等教育にも力を入れ、**大学令**（1918公布）→p.86を制定しました。

外交面では、国際協調の契機となる**パリ講和会議**（1919.1）へ参加（日本全権は西園寺公望）し、**国際連盟**（1920.1）には**常任理事国**として加盟しました。また、対中協調を模索するも、**パリ講和会議**開催中に**五・四運動**が起きました→p.90。

経済政策は、四大政綱をすすめるも**戦後恐慌**（1920）に突入し、政策に不満をもつ人物に東京駅で暗殺されました（1921.11）。

Point 原敬内閣

- ☑ 初の本格的政党内閣 ⇨ 衆議院議員かつ党首が首相就任、（陸・海、外相以外）与党だけで組閣
- ☑ 五・四運動 ⇨ 日本の山東省旧ドイツ権益継承に反発、日本製品不買運動へと発展

関連人物・事件

選挙法改正

1889年、**衆議院議員選挙法**(以下、選挙法)が公布→p.24。選挙資格は**直接国税15円**以上を納入する**満25歳以上の男子**(被選挙権は30歳以上)、小選挙区制[有権者人口比:1.1%]とした。1900年の改正では、納税資格を**直接国税10円**以上、大選挙区制とした[同2.2%]→p.46。1919年の原内閣での改正では、納税資格を**直接国税3円**以上、小選挙区制とした[同5.5%]。原内閣の選挙法改正は、実際には立憲政友会の支持基盤である中小地主層への選挙権拡大であった。

大学令

高等教育拡充方針に基づき、1918年12月に公布された勅令。大戦景気を背景に、高等教育による人材を望む経済界の要求に応えたものであった。認可要件は厳しいものであったが、1920年に慶應義塾大学・早稲田大学・明治大学・法政大学・中央大学・日本大学・國學院大學・同志社大学が認可されたことを契機に、多くの私立大学が認可された。

西暦年	事　項	
1918		.11 第一次世界大戦終結
		.12 大学令
1919		. 1 パリ講和会議
		. 3 三・一独立運動(朝鮮)
	. 5 選挙法改正	. 5 五・四運動(中国)
		. 6 ヴェルサイユ条約
1920	. 3 尼港事件	. 1 国際連盟発足
	戦後恐慌始まる	
	新婦人協会結成	
	. 5 最初のメーデー	

入試ではこう出る

☐1 米騒動の後、組閣した人物は誰か。
（早稲田大／文）

☐1 原敬

☐2 岩手県出身のこの人物は、政友会を率いて内閣を組織し、「**平民宰相**」と呼ばれた。その後、東京駅で**暗殺**されることになるが、この人物とは誰か。
（同志社大）

☐2 原敬

☐3 立憲政友会の創立に参画し組織強化に努めその実力者となり、幾度か内閣の内相を務め、1914年**第3代政友会総裁**に就任した人物は誰か。彼はこの後、1918年には寺内正毅内閣の後を受けて**最初の本格的な政党内閣**を組織し、3年余り政権を維持したが、1921年11月に**暗殺**された。この人物の姓名を漢字で記入せよ。
（同志社大）

☐3 原敬

☐4 次の文章について、正か誤かを答えなさい。
立憲政友会の原敬が組織した内閣は、選挙権を直接国税1円以上納める者にまで拡張する一方で、小選挙区制を導入した。
（関西学院大）

☐4 誤

☐5 ある内閣は1918（大正7）年に**大学令**・高等学校令を公布した。その内閣を組閣していたのは誰か。
（中央大）

☐5 原敬

原敬内閣

高橋是清内閣

大正⑦　1921.11〜1922.6

高橋是清（たかはしこれきよ）（1854〜1936）

立憲政友会第4代総裁。第20代首相。文部・農商務省官僚。日露戦争時では戦費調達に尽力。貴族院議員に勅撰（ちょくせん）され、日本銀行総裁にも就任。第1次山本内閣で蔵相就任と同時に立憲政友会入党。原暗殺後、蔵相を兼任し首相就任、政友会総裁となった。※犬養毅内閣の関連人物・事件→p.124も参照。

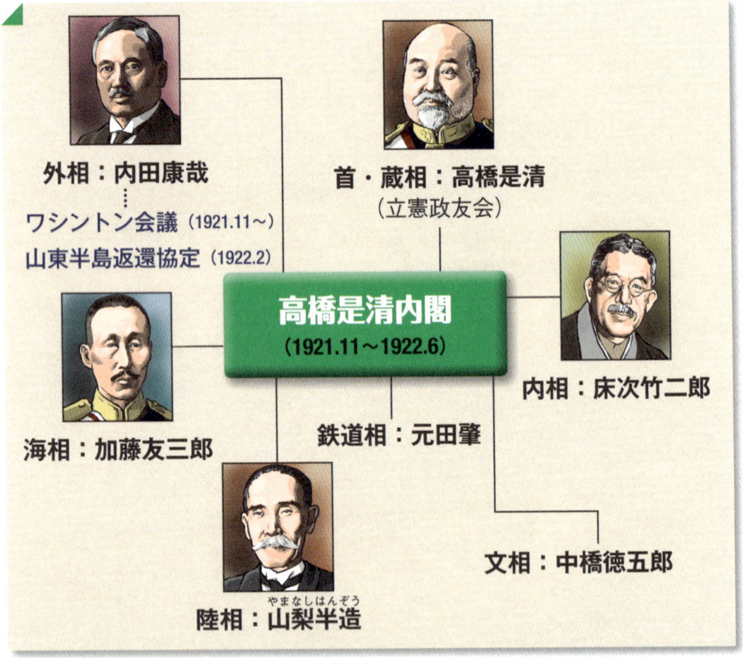

高橋是清内閣（1921.11〜1922.6）

- 首・蔵相：高橋是清（立憲政友会）
- 外相：内田康哉
  - ワシントン会議（1921.11〜）
  - 山東半島返還協定（1922.2）
- 内相：床次竹二郎
- 海相：加藤友三郎
- 鉄道相：元田肇
- 陸相：山梨半造（やまなしはんぞう）
- 文相：中橋徳五郎

大正時代

当時の世の中

原敬が突然この世を去った後、立憲政友会は蔵相高橋是清を新総裁、首相としましたが、閣内不一致により約半年で総辞職にいたりました。

当時の日本は、**戦後恐慌**下の厳しい経済情勢にありました。また、社会運動も激しさを増していました。

国際情勢では、アメリカは第一次世界大戦後、国際政治の主導権を握ることを画策し、アメリカ大統領**ハーディング**はあらたに国際会議（**ワシントン会議**）を提唱しました。この会議には、太平洋地域・東アジア（とくに中国）に権益を有する8カ国と中国の計9カ国が参加しました。また、この会議は史上初の軍縮会議でもありました。

日本は**四カ国条約**（1921）、**九カ国条約**（1922）、**海軍軍縮条約**（1922）に調印しました。この会議を中心に形成されたアジア太平洋地域の協調体制を**ワシントン体制**と呼びます。同時に、日本は**山東半島**権益を中国に返還し関係改善をはかろうともしました→p.90。

西暦年	事　項	
1921		.11～ ワシントン会議
		.12 四カ国条約
1922	.3 全国水平社結成	.2 九カ国条約・海軍軍縮条約
	.4 日本農民組合結成	山東半島返還協定（日中間）

入試ではこう出る

☐1　1921年、立憲政友会総裁と首相の座にいた◻◻◻は、内政・外交で協調的路線を模索したが、内閣改造に失敗し翌年総辞職した。その後、田中義一内閣では蔵相に就任した。空欄に入る人物は誰か。
（関西大）

☐1　高橋是清

歴史の流れがわかる図解まとめ
大正期の外交③

■パリ講和会議

パリ講和会議（1919.1〜6）

[日本全権]：西園寺公望
[主導権画策]：アメリカ大統領 **ウィルソン**
　　　　　　　平和原則14カ条を提唱

↓

ヴェルサイユ条約

ヨーロッパ＝ヴェルサイユ体制
- ドイツ→賠償義務、領土割譲、軍備制限
- 東ヨーロッパ→独立国誕生
　　　　←民族自決の原則

日　本＝権益維持
- 山東省旧ドイツ権益継承
- 赤道以北旧ドイツ領南洋諸島委任統治

国際連盟発足（1920）　ウィルソン提唱　→　アメリカは不参加
　　　　　　　　　　　　日本は常任理事国に

■反日運動（朝鮮・中国）

[朝鮮]　**三・一独立運動**（1919.3.1）
- 京城（現ソウル）で起こった独立要求運動

[中国]　**五・四運動**（1919.5.4）
- 北京で起こった反日運動
　→日本製品不買運動

■ワシントン会議

ワシントン会議（1921.11〜22.2）

[提唱] アメリカ大統領 **ハーディング**
[目的] 対ヨーロッパ：経済的影響力拡大
　　　 対日本：勢力抑制
[日本全権] 加藤友三郎（首席）
　　　　　 徳川家達・幣原喜重郎

四カ国条約（1921.12）
- 太平洋諸島に関する取り決め
- 日英同盟廃棄決定

九カ国条約（1922.2）
- 中国市場に関する取り決め
- 石井＝ランシング協定廃棄決定
※日中間交渉
　→山東省権益返還

海軍軍縮条約（1922.2）
- 英・米・日・仏・伊の主力艦保有比率協定
- 英米：日：仏伊
　＝5：3：1.67
- 10年間の主力艦建造禁止

ワシントン体制＝東アジア・太平洋地域

解 説

　大戦終結の翌年（1919）、**パリ講和会議**が開催されました。この会議は約半年に及び、各国の思惑と軋轢（あつれき）が交錯しました。

　アメリカ大統領**ウィルソン**は、ソヴィエト政権を意識し、無併合・無賠償、民族自決の原則を盛り込んだ「平和原則14カ条」を提案しますが、イギリス・フランスは激しく反発しました。

　会議後、**ヴェルサイユ条約**が調印されました。ヨーロッパ関係では、ドイツに対して賠償義務・領土割譲・軍備制限が課せられました。東ヨーロッパでは、「**民族自決の原則**」に基づき**ポーランド**など新国家が成立しました。これには、共産主義流入を阻止しようとする西欧諸国の思惑がありました。この体制は「**ヴェルサイユ体制**」と称されました。

　日本は、大戦中に拡大した勢力圏、**山東省旧ドイツ権益**の継承、**赤道以北旧ドイツ領南洋諸島委任統治**が承認されました。

　パリ会議開催中、朝鮮・中国では会議内容に呼応・反発した動きがありました。朝鮮では、京城（旧漢城、現ソウル）を中心に「**民族自決の原則**」に影響を受け、日本からの独立を求める**三・一独立運動**（**万歳事件**）が起こりました。中国では、日本の山東省権益継承に反発した動きが北京で起こり（**五・四運動**）、次第に日本製品不買運動へと発展しました。この動きは、日本の政策の転換を余儀なくさせました。

　戦後復興の進まないヨーロッパ、戦後恐慌下の日本に対し、アメリカ大統領**ハーディング**は**ワシントン会議**開催（1921～22）を提案しました。アメリカはヨーロッパには経済的影響力拡大を、日本に対しては勢力抑制を画策しました。

　四カ国条約では、軍事基地である**太平洋諸島**に関する取り決めと**日英同盟廃棄**を決定、**九カ国条約**では、**中国市場**に関する取り決めと**石井＝ランシング協定廃棄**を決定しました。**海軍軍縮条約**では、日本の建艦能力を警戒し、**主力艦**保有比率を**英米：日**：仏伊＝**5：3**：1.67としました。この会議以降、外交は国際協調体制となります。

加藤友三郎内閣

大正⑧ 1922.6〜1923.8

加藤友三郎(かとうともさぶろう)(1861〜1923)

第21代首相。海軍大将。日清戦争に従軍し、日露戦争では日本海海戦に参加。第2次大隈内閣での海軍大臣に就任後、寺内・原・高橋3代の内閣で海相に留任。1921年、**ワシントン会議**の首席全権。立憲政友会の支持を得て1922年6月組閣。

外相：内田康哉
　シベリア撤兵完了（1922.10）

首・海相：加藤友三郎

加藤友三郎内閣
（1922.6〜1923.8）

陸相：山梨半造

内相：水野錬太郎(みずのれんたろう)
　日本共産党結成（1922.7）

92　大正時代

当時の世の中

　政党政治を牽引した原敬の暗殺、元老山県有朋の死（1922.2）により、政治を強力に主導する人物がいないのがこの時期の状況です。

　高橋是清の辞職後は、元老松方正義の推挙により、加藤友三郎が首相になりました。彼は抜群の軍歴をもち、政党内閣であった原・高橋両内閣でも海相を務めていました。そして、先の**ワシントン会議**→p.90の主席全権として軍縮推進を表明し、アメリカからも評価を得ていました。

　また、この内閣はアメリカ・イギリスから批判があった**シベリアからの撤兵**を表明し、そして、ワシントン会議で決定された海軍の軍縮（主力艦の保有比率を米英：日＝5：3とする）だけではなく陸軍でも軍縮を実現しました（山梨軍縮）。日本の経済状況をふまえ、軍事面でも現実的な政策をすすめたことで、立憲政友会の支持もとりつけました。

　しかし加藤は首相在任中に病没（1923.8.24）し、その直後、**関東大震災**（1923.9.1）が発生します。震災は首相不在（実際は外相内田康哉が臨時兼任）ということもあり、未曾有の大災害となりました。

西暦年	事　項	
1922	.7 日本共産党結成（非合法）	.10 シベリア撤兵完了
1923	.9 関東大震災	

入試ではこう出る

□1　加藤友三郎に関する説明として正しいものを、次の1～4の中から1つ選べ。
1. 陸軍大将に就任した。
2. 日露戦争の日本海海戦に参戦した。
3. ロンドン会議の全権であった。
4. 関東大震災の震災処理にあたった。

（オリジナル）

□1　2

※1. 加藤は海軍大将。3. ワシントン会議の全権。4. 関東大震災発生前に病没。実際の震災処理は第2次山本権兵衛内閣。

第2次山本権兵衛内閣

大正⑨　1923.9～1924.1

山本権兵衛 (1852～1933)

※詳細は第1次内閣 →p.72 を参照

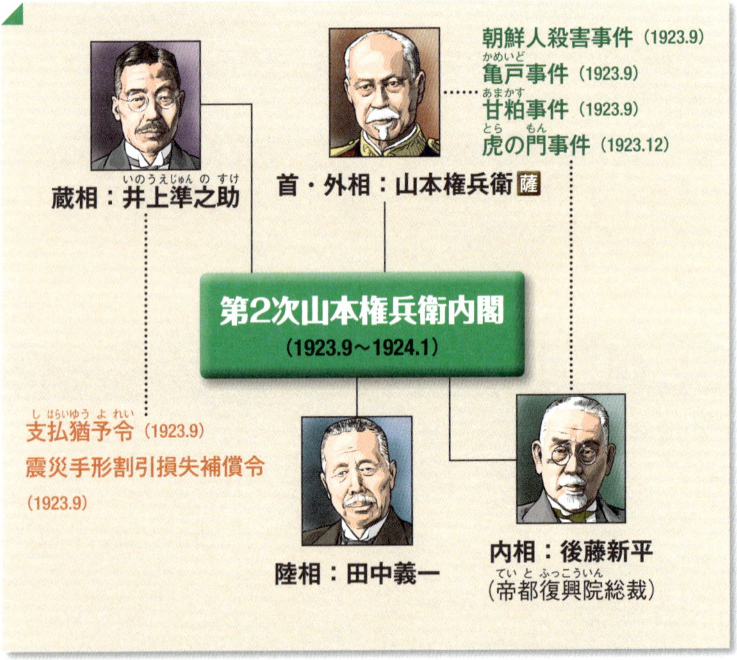

第2次山本権兵衛内閣 (1923.9～1924.1)

- 蔵相：井上準之助(いのうえじゅんのすけ)
  - 支払猶予令(しはらいゆうよれい)(1923.9)
  - 震災手形割引損失補償令(1923.9)
- 首・外相：山本権兵衛　薩
  - 朝鮮人殺害事件 (1923.9)
  - 亀戸(かめいど)事件 (1923.9)
  - 甘粕(あまかす)事件 (1923.9)
  - 虎の門(とらのもん)事件 (1923.12)
- 陸相：田中義一
- 内相：後藤新平（帝都復興院総裁(ていとふっこういんそうさい)）

大正時代

当時の世の中

　首相不在のなか、発生した**関東大震災**に対応するため、震災の翌日（1923.9.2）に加藤と同じ海軍出身の山本権兵衛が再び組閣をしました。彼は、**帝都復興院**総裁に**後藤新平**を任命して東京の復興事業に着手しました。

　経済面では、緊急勅令より**支払猶予令**（モラトリアム）が出され、金融機関への支払いが1カ月間猶予されました。続いて**震災手形割引損失補償令**が出され、事実上金融機関が抱えた不良債権を日本銀行が肩代わりすることになりました。このことが、**金融恐慌**（1927）→p.110の原因となりました。

　治安面では、震災後の流言から朝鮮人の殺害、労働運動活動家・社会主義者らが殺害される事件も起きました。**大杉栄・伊藤野枝**らが殺害された**甘粕事件**がよく知られています→p.102。

　同年12月に起きた皇太子・摂政宮裕仁親王（後の昭和天皇）が狙撃された事件（**虎の門事件**）の政治的責任をとり、総辞職しました。

西暦年	事　項	
1923	.9 支払猶予令 　　震災手形割引損失補償令 　　帝都復興院設置 .12 虎の門事件	.9 朝鮮人虐殺事件・ 　　亀戸事件・甘粕事件

入試ではこう出る

□1　金融恐慌以前に、関東大震災後の処理に際して「支払猶予令」を実施した内閣を組織した人物名を記せ。

（同志社大〈改題〉）

□1　山本権兵衛

第2次山本権兵衛内閣

清浦奎吾内閣

大正⑩　1924.1〜1924.6

清浦奎吾（きようらけいご）（1850〜1942）

第23代首相。司法官僚として頭角を現し、官界における**山県有朋**直系と目された。**枢密院議長**から1924年1月組閣。陸・海相、外相以外を貴族院議員だけで構成した超然内閣であった。衆議院の解散・総選挙後、敗北したため総辞職した。

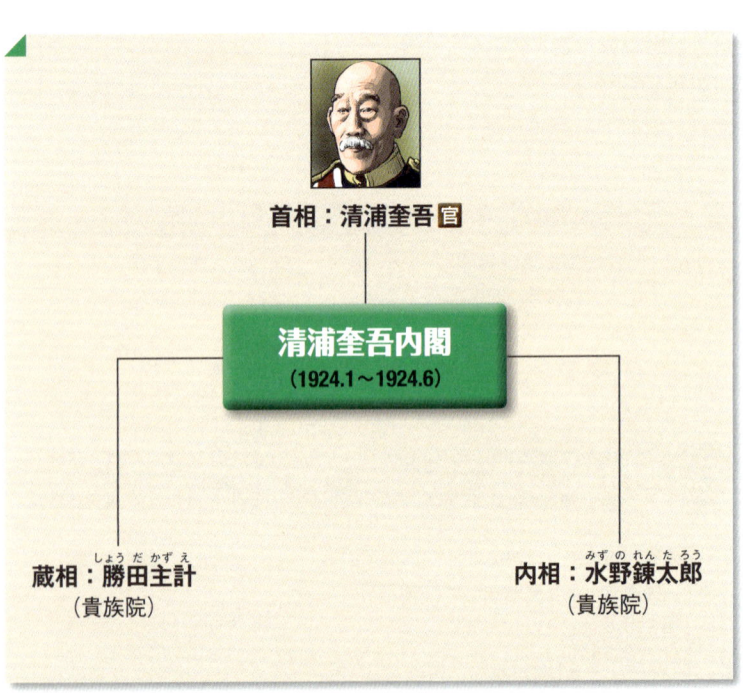

首相：清浦奎吾 官

清浦奎吾内閣
（1924.1〜1924.6）

蔵相：勝田主計（しょうだかずえ）
（貴族院）

内相：水野錬太郎（みずのれんたろう）
（貴族院）

当時の世の中

虎の門事件による山本権兵衛の退陣を受けて、枢密院議長の**清浦奎吾**が首相に就任しました。元老の故**山県有朋**直系官僚であった彼は、衆議院勢力を排除し、陸・海相、外相以外を貴族院議員だけで組閣しました。これは事実上の**超然内閣**でした。

首相が非政党人であった先の加藤友三郎・第2次山本権兵衛内閣でも、立憲政友会をはじめ政党勢力から入閣がありましたが、この内閣では皆無でした。そのため、**憲政会**・**立憲政友会**・**革新倶楽部**のいわゆる**護憲三派**は、**普通選挙法**実施・貴族院改革・行財政整理要求を掲げて反発しました（**第二次護憲運動**）。これらの要求を清浦は決して受け入れませんでした。彼は分裂した政友会の反主流派勢力＝**政友本党**と提携し対抗しました。

清浦は、衆議院を解散し総選挙に打って出ましたが、政府与党である政友本党が議席を減らし敗北しました。その結果、わずか5カ月で退陣に追い込まれました。

西暦年	事　項	
1924	.1 第二次護憲運動	.1 第一次国共合作成立（中国） .5 排日移民法可決（アメリカ）

入試ではこう出る

□1 次の文の正誤を答えよ。
清浦奎吾内閣の評価をめぐって分裂した立憲政友会のうち、脱党派は憲政会などと護憲三派を構成して清浦内閣と対立した。
（関西学院大）

□1 誤
※脱党派は政友本党を組織し、清浦と連携した。

第1・2次加藤高明内閣

大正⑪ 1924.6～1925.8 ／ 大正⑫ 1925.8～1926.1

加藤高明（かとうたかあき）（1860～1926）

第24代首相。**三菱**に入社し渡英。帰国後、三菱本社副支配人となり、**岩崎弥太郎**の長女と結婚（幣原喜重郎は義弟）。第4次伊藤、第1次西園寺、第3次桂内閣の外相歴任。桂主導による**立憲同志会**の結成に関与、総裁となった。第2次大隈内閣の外相となり、大隈の退陣後は、あらたに成立した**憲政会**の総裁となった。

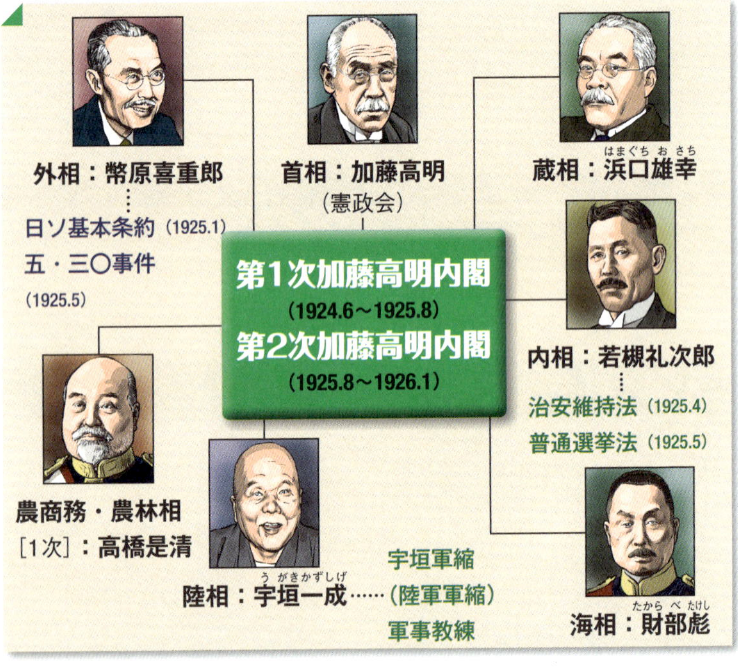

第1次加藤高明内閣（1924.6～1925.8）
第2次加藤高明内閣（1925.8～1926.1）

- 外相：幣原喜重郎
  - 日ソ基本条約（1925.1）
  - 五・三〇事件（1925.5）
- 首相：加藤高明（憲政会）
- 蔵相：浜口雄幸（はまぐちおさち）
- 内相：若槻礼次郎
  - 治安維持法（1925.4）
  - 普通選挙法（1925.5）
- 農商務・農林相［1次］：高橋是清
- 陸相：宇垣一成（うがきかずしげ）
  - 宇垣軍縮（陸軍軍縮）
  - 軍事教練
- 海相：財部彪（たからべたけし）

大正時代

当時の世の中

　第二次護憲運動によって清浦奎吾内閣が退陣した後、**憲政会**総裁の**加藤高明**（貴族院議員）が首相となりました。**立憲政友会**（総裁：**高橋是清**→p.88）・**革新俱楽部**（総裁：**犬養毅**→p.122）を含めた**三派連立政権**でした。

　この内閣の構成員の多くが、後に首相に就任しており、**五・一五事件**（1932）での犬養内閣崩壊まで、**政党内閣制**（「**憲政の常道**→p.100」）が確立されました。

　この内閣では、今後の国家の重要政策ともなる「**共産主義**」への警戒を明確にしました。一方、ヨーロッパ情勢をふまえて、**日ソ基本条約**を締結（1925.1）し、ソ連と国交を成立させました。これは同時に、警戒する**共産主義**が直接流入する危険性を含むものでした。

　また、選挙公約である**普通選挙法**を実現（1925.5成立）すると**無産勢力**→p.100の台頭が予想されました。そのため**治安維持法**→p.100は普通選挙法に先だって成立しました（1925.4成立）。

　さらに、1922年の山梨軍縮→p.93に続いて、陸軍の軍縮（**宇垣軍縮**）を実施しましたが、中等学校以上で現役将校による**軍事教練**を開始し、軍部にも配慮をみせました。

　憲政会と政友会の対立から、1925年8月、新たに憲政会単独による第2次内閣を組織しましたが、1926年1月に加藤は議場で倒れ、数日後に亡くなりました。

Point　第1・2次加藤高明内閣

- ☑ 日ソ基本条約（1925）　⇨　日ソ国交成立、共産主義流入
- ☑ 普通選挙法（1925）　⇨　納税資格撤廃、
　　　　　　　　　　　　　　　有権者人口比20.8％（←5.5％）

関連人物・事件

憲政の常道

主として大正末期から昭和初期の政党政治の慣例。大日本帝国憲法に規定はない。衆議院第1党党首（総裁）が首相に就任、組閣をおこなう。また、失政による内閣総辞職の場合、第1野党党首が首相に就任、組閣するものとされた。アメリカ・イギリスの2大政党制を意識したこの制度は、**五・一五事件**→p.122まで続いた。

無産勢力（階級）

資本主義社会における賃労働者階級。**プロレタリア**。対義語は有産階級（ブルジョワジー）。広義には、小作を含める。政府は共産主義の影響を受けやすい無産勢力の政治的台頭を警戒した。

治安維持法

日ソ基本条約調印、**普通選挙法**成立による共産主義運動を警戒して制定。1928年、緊急勅令による第1次改定では最高刑を死刑とした→p.108。1941年の第2次改定では、取締り範囲が拡大され、**予防拘禁制**が導入された→p.148。1945年10月、GHQの命令により廃止され、**特別高等警察（課）**も解散した。

西暦年	事　項	
1924	.7 小作調停法	
	.12 婦人参政権獲得期成同盟会	
1925	.1 日ソ基本条約	
	.4 治安維持法	
	.5 普通選挙法	.5 五・三〇事件（中国）

入試ではこう出る

- [ ] **1** 加藤高明内閣で実施された政策ではないものを、次のア〜エの中から1つ選び、記号で答えよ。
  - ア．二十一カ条の要求
  - イ．小作調停法の公布
  - ウ．治安維持法の公布
  - エ．日ソ国交樹立

  （関西学院大）

- [ ] **2** 衆議院における第1党党首が組閣するという、1924年成立のある内閣に関連する記述で誤っているものはどれか。次のア〜オの中から1つ選び、記号で答えよ。
  - ア．第二次護憲運動を通じて総選挙に圧勝した護憲三派が清浦奎吾内閣を倒して成立した。
  - イ．立憲政友会が革新倶楽部を吸収したことで、閣内に不統一が生まれ、第2次加藤高明内閣は憲政会の単独内閣となった。
  - ウ．外務大臣幣原喜重郎による協調外交をすすめ、シベリア出兵後の関係改善に努めた結果、日ソ基本条約を締結した。
  - エ．治安維持法を制定し、「国体」の変革・私有財産制度の否認を目的とする結社の組織者・参加者に対し、10年以下の懲役・禁錮を科した。
  - オ．加藤高明首相が華族でない平民籍の衆議院議員だったことから、「平民宰相」と国民から歓迎された。

  （早稲田大）

- [ ] **3** 宇垣一成が陸軍大臣に就任した際に、大規模な軍縮がおこなわれた。その軍縮がおこなわれた時の首相の名前を答えよ。

  （同志社大）

- [ ] **1** ア

- [ ] **2** オ

  ※「平民宰相」と呼ばれたのは原敬である。

- [ ] **3** 加藤高明

第1・2次加藤高明内閣

歴史の流れがわかる図解まとめ
大正デモクラシー①

■ **大正デモクラシー** = 民衆の政治参加要求

指導理論

民本主義（みんぽん）
- 吉野作造（よしのさくぞう）、『中央公論』
- 天皇主権を前提とした政治の運用方法
  具体的目標→**普通選挙・政党政治**
  啓発組織：黎明会（れいめいかい）…東大教授、新人会…東大学生ら組織

天皇機関説
- 美濃部達吉（みのべたつきち）、（『憲法撮要（さつよう）』→P.131参照）

■労働運動

友愛会(1912) 　労資協調…鈴木文治ら組織

↓ ロシア革命(1917)、米騒動(1918)　【労働者人口急増 実質賃金低下】

大日本労働総同盟友愛会(1919)　本格的労働組合運動

↓ 普通選挙法制定運動展開、第1回メーデー開催(1920)

日本労働総同盟(1921)　階級闘争主義
　├→ 日本労働組合評議会（左派・共産党系）(1925)
　└→ 日本労働組合同盟（中間）(1926)

（大戦景気／恐慌）

■社会主義運動

大逆事件(1910)…運動停滞＝冬の時代

↓

日本社会主義同盟(1920)
- 社会主義者再結集←翌年禁止
- 対立Ⅰ　方針対立…アナ・ボル論争

↓

日本共産党(1922)
- 非合法←コミンテルンの指導
- 対立Ⅱ　内部対立…日本資本主義論争

↓

関東大震災(1923)
- **亀戸事件**…労働運動活動家殺害
- **甘粕事件**…**大杉栄、伊藤野枝**ら殺害

解説

大正期の社会運動は明治期と異なり、民衆が政治への参加を要求しました。背景としては、義務教育による識字率上昇、大戦景気による労働者人口増加（2倍弱増）、実質賃金の低下などがありました。

運動の指導理論となったのは、**吉野作造**の「**民本主義**」、**美濃部達吉**の「**天皇機関説**」でした。「**民本主義**」は、**天皇主権を前提**に政治の運用方法を主張しました。民衆の利益・民衆の意向尊重を綱領とし、**普通選挙・政党政治**実現を具体的な目標としました。「**天皇機関説**」は明治憲法を民主的に解釈した学説でした。

労働運動については、1912年に結成された**友愛会**は労資協調を方針としていましたが、**ロシア革命**（1917）・**米騒動**（1918）→p.76の影響もあり、1919年に**大日本労働総同盟友愛会**に改称し、本格的な労働組合運動を展開しました。注意すべき事は、労働条件改善を求めただけではなく、「**普通選挙法**」制定運動を展開したことでした。翌年には、**第1回メーデー**が開催されました。さらに、1921年には**日本労働総同盟**に改称し、階級闘争主義をすすめました。1925年には、左派・共産党系が日本労働組合評議会を組織し、組織は分裂しました。

社会主義運動は、**大逆事件**→p.64の影響で約10年間運動が停滞した「冬の時代」でした。労働運動高揚に呼応して、1920年に再結集した社会主義者が**日本社会主義同盟**を結成しましたが、翌年活動が禁止されました。この内部では、幸徳秋水の後継者**大杉栄**は旧来の**無政府主義**の拡大を主張したのに対し、**マルクス・レーニン主義**（**共産主義**）に影響を受けた**堺利彦・山川均**は非合法活動も視野にした運動を主張しました（**アナ・ボル論争**）。後者は1922年に共産主義政党の国際組織コミンテルンの指導のもと非合法政党の**日本共産党**を結成しました。

運動台頭を警戒した治安担当機関は**関東大震災**（1923.9）直後に、労働運動活動家を死にいたらしめた**亀戸事件**、**大杉栄**・**伊藤野枝**らが殺害された**甘粕事件**（**大杉事件**）などを引き起こしました→p.94。

大正デモクラシー①

歴史の流れがわかる図解まとめ
大正デモクラシー②

虎の門事件（1923）
- 摂政宮（皇太子）狙撃事件←反政府勢力の動向
- 第2次山本権兵衛内閣総辞職、**治安維持法**成立に影響

■無産政党

農民労働党（1925） ← **普通選挙法**によって成立
　　　　　　　　　　　　初の**無産政党**→治安警察法で即日禁止

労働農民党（1926） ← 共産勢力排除、**初の合法無産政党**

分裂
- **労働農民党**　・左派、共産党系
- **日本労農党**　・中間
- **社会民衆党**　・右派

■女性運動

青鞜社（1911） ← 文学団体、※女性運動とは無関係
　　　　　　　　　　代表：**平塚らいてう**、機関紙：『青鞜』

新婦人協会（1920） ← ※ここから女性運動
　　　　　　　　　　　発起人：平塚らいてう・**市川房枝**
　　　　　　　　　　　治安警察法第5条改正要求
　　　　　　　　　　　⇒ **政治集会参加…可、政治団体参加…不可**

婦人参政権獲得期成同盟会（1924）→婦選獲得同盟に改称（1925）

※社会主義婦人団体 ⇒ **赤瀾会**（1921） **伊藤野枝**、**山川菊栄**

■部落解放運動

全国水平社（1922）　・中心人物：**西光万吉**

■農民（小作）運動

日本農民組合（1922）
- 小作争議支援
- 中心人物：**賀川豊彦**（著書『死線を越えて』）

解説

　治安当局の弾圧に対して、反政府勢力の動向として知られるのが**虎の門事件**（1923.12）です。活動家が摂政宮（皇太子）を狙撃したこの事件の結果、第2次山本権兵衛内閣→p.94は総辞職に追い込まれました。なお、この事件は**治安維持法**→p.100成立に寄与する結果になりました。

　1925年の**普通選挙法**成立を受けて、選挙権を得た労働者・小作人を意識した**無産政党**結成の動きが見られました。**農民労働党**が初の無産政党として組織されましたが、共産党員関与を理由に**治安警察法**により即日禁止となりました。翌年、共産党員を排除し、**労働農民党**が**初の合法無産政党**として成立しました。しかし、成立直後、共産党勢力が党を支配したため、右派は**社会民衆党**を、中間派は**日本労農党**をあらたに組織し、三派に分裂しました。

　女性運動では、文学団体**青鞜社**で活動していた**平塚らいてう**が、**市川房枝**らとともに**新婦人協会**（1920）を組織し、本格的に婦人運動を始め、女性の政治活動を禁じた**治安警察法**第5条の改正運動を展開しました。この結果、政治団体参加は認められませんでしたが、政治集会参加は可能となりました。1924年には、普選運動の高まりを受けて、**婦人参政権獲得期成同盟会**（翌年、**婦選獲得同盟**に改称）が市川を中心に組織されましたが、婦人参政権は実現しませんでした。市川は戦後も、婦人運動の中心人物として活動し、1981年まで参議院議員として活躍しました。また、社会主義者による婦人団体が**伊藤野枝**・**山川菊栄**らによって**赤瀾会**として結成されました（1921）。

　明治以降も差別を受けていた被差別部落民は、**部落解放運動**を進め、西光万吉らにより**全国水平社**が組織されました（1922）。

　小作争議を支援する**日本農民組合**も1922年に組織されました。中心人物**賀川豊彦**はクリスチャンで、『死線を越えて』は代表的著作として知られています。彼が進めた消費者組合運動は**生活協同組合**へとつながります。また、彼はノーベル賞候補にもなりました。

第1次若槻礼次郎内閣

大正⑬・昭和① 1926.1～1927.4

若槻礼次郎（1866～1949）

第25・28代首相。大蔵官僚を経て政界転身。加藤高明が首相在職中に急死したため、1926年1月末、**憲政会**総裁となり内相兼首相として組閣。12月25日に大正天皇が崩御し、昭和と改元。

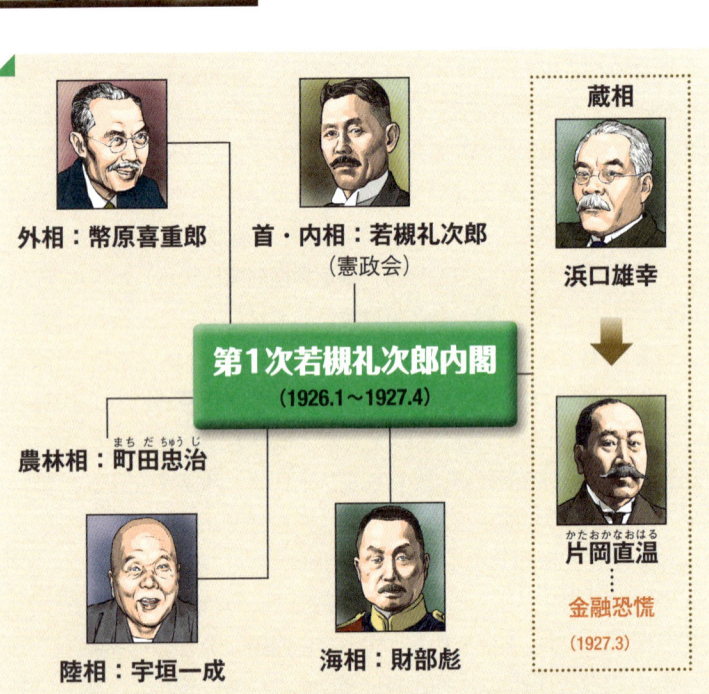

第1次若槻礼次郎内閣（1926.1～1927.4）

- 外相：幣原喜重郎
- 首・内相：若槻礼次郎（憲政会）
- 農林相：町田忠治
- 陸相：宇垣一成
- 海相：財部彪

蔵相：浜口雄幸 → 片岡直温

金融恐慌（1927.3）

106　大正時代・昭和時代（戦前）

当時の世の中

　首相加藤高明が在職中に急死したため、若槻礼次郎が憲政会新総裁として内相を兼任して組閣しました。この時期は内政・外交ともに難問が山積みでした。

　前年、結成直後に禁止された初の無産政党**農民労働党**が、あらたに**労働農民党**として結成され合法化されていました。しかし、すぐさま**労働農民党**（左派・共産党系）・**日本労農党**（中間）・**社会民衆党**（右派）に分裂しました→p.104。

　対外的には、中国で、孫文没後、国民党を主導した**蔣介石**による**北伐**が始まりました。政府は内政不干渉の方針から、具体策を講じませんでした。そのため、積極的に大陸進出を推進する勢力は大きな不満をもちました→p.118。

　経済政策では、**震災手形**処理法案審議中（第2次山本権兵衛内閣→p.94参照）、**片岡直温**蔵相が**東京渡辺銀行**の経営状況に言及したことから預金の引出しが集中し（**取付け騒ぎ**）、東京渡辺銀行は休業に追い込まれました。これが**金融恐慌**に拡大します。特殊銀行**台湾銀行**は**鈴木商店**への不良債権を抱え、休業に至りました→p.110。

　内閣は**台湾銀行救済緊急勅令**発布を画策するも、対中政策に不満をもつ**枢密院**がこれを否決しました。政策に行き詰まった内閣は総辞職に追い込まれました。

西暦年	事　項	
1926	.12 大正天皇崩御	. 7 蔣介石、北伐開始
1927	. 3 金融恐慌	

※入試ではこう出る…p.112

田中義一内閣

昭和②　1927.4〜1929.7

田中義一（1864〜1929）

長州藩出身。陸軍大将。立憲政友会第5代総裁。第26代首相。原敬、第2次山本権兵衛内閣で陸相。1925年、政友会総裁に就任、**金融恐慌**最中に組閣。

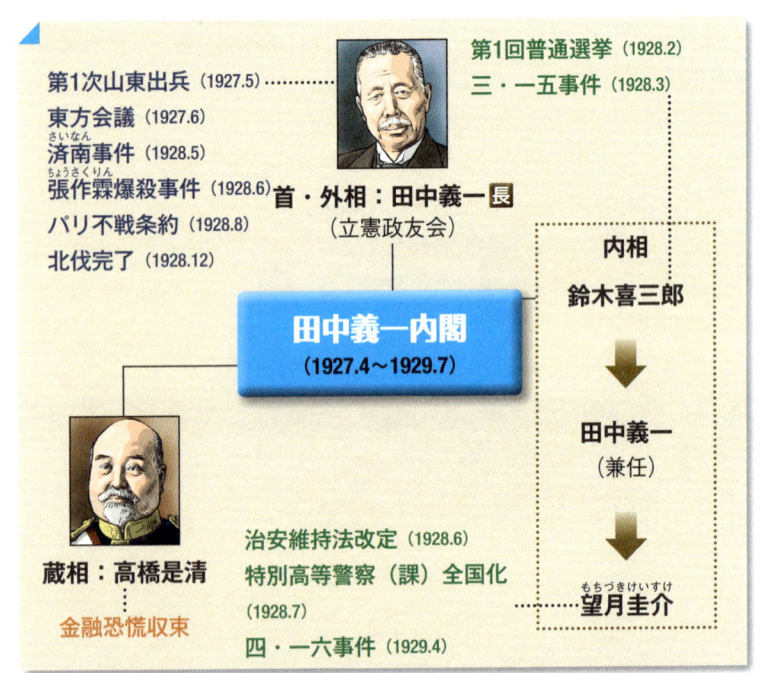

第1次山東出兵（1927.5）
東方会議（1927.6）
済南事件（1928.5）
張作霖爆殺事件（1928.6）
パリ不戦条約（1928.8）
北伐完了（1928.12）

首・外相：田中義一 長
（立憲政友会）

第1回普通選挙（1928.2）
三・一五事件（1928.3）

田中義一内閣
（1927.4〜1929.7）

内相
鈴木喜三郎
↓
田中義一
（兼任）
↓
望月圭介

蔵相：高橋是清
金融恐慌収束

治安維持法改定（1928.6）
特別高等警察（課）全国化（1928.7）
四・一六事件（1929.4）

昭和時代（戦前）

当時の世の中

　第1次若槻礼次郎内閣は**台湾銀行**救済に失敗したため、野党の立憲政友会総裁（1925就任）**田中義一**が組閣しました。「憲政の常道」だけではなく、協調外交に不満を抱く**枢密院**の期待も受けていました。

　田中は、引退していた前総裁**高橋是清**を蔵相として金融恐慌の収束にあたらせました。高橋は**支払猶予令（モラトリアム）**→p.110（3週間）・日銀非常貸出・台湾銀行救済法案を可決し、恐慌を鎮静化しました。

　普通選挙法成立後、初の総選挙が実施（1928.2）された結果、無産政党から8名が当選しました。危機感を覚えた田中は**共産主義取締り**を強化しました。**三・一五事件**で活動家を検挙、**労働農民党**・**日本労働組合評議会**を解散させ、共産党をほぼ壊滅させました。続いて、緊急勅令により最高刑に死刑を追加した**治安維持法改定**→p.100を実現し、**特別高等警察（課）**を全国に設置しました。さらに、翌年の**四・一六事件**で再び大規模な取締りをおこないました。

　外交では、対中国強硬策（対中積極外交）に転換し、**北伐**で情勢不安定な中国に3度の**山東出兵**をおこないました。また、「満蒙」権益確保を確認する**東方会議**を開催し（1927.6）、「満州」軍閥**張作霖**を支援しました。しかし、張作霖爆殺事件（**満州某重大事件**、1928.6）の処理の際、昭和天皇に叱責を受けたとされ、総辞職しました→p.118。

西暦年	事　項	
1927	.4 支払猶予令（モラトリアム）	.5 第1次山東出兵
		.6 東方会議
1928	.2 第1回普通選挙	.5 済南事件
	.3 三・一五事件	.6 張作霖爆殺事件
	.6 治安維持法改定	.8 パリ不戦条約
	.7 特別高等警察（課）全国化	.12 北伐完了
1929	.4 四・一六事件	

※入試ではこう出る…p.113

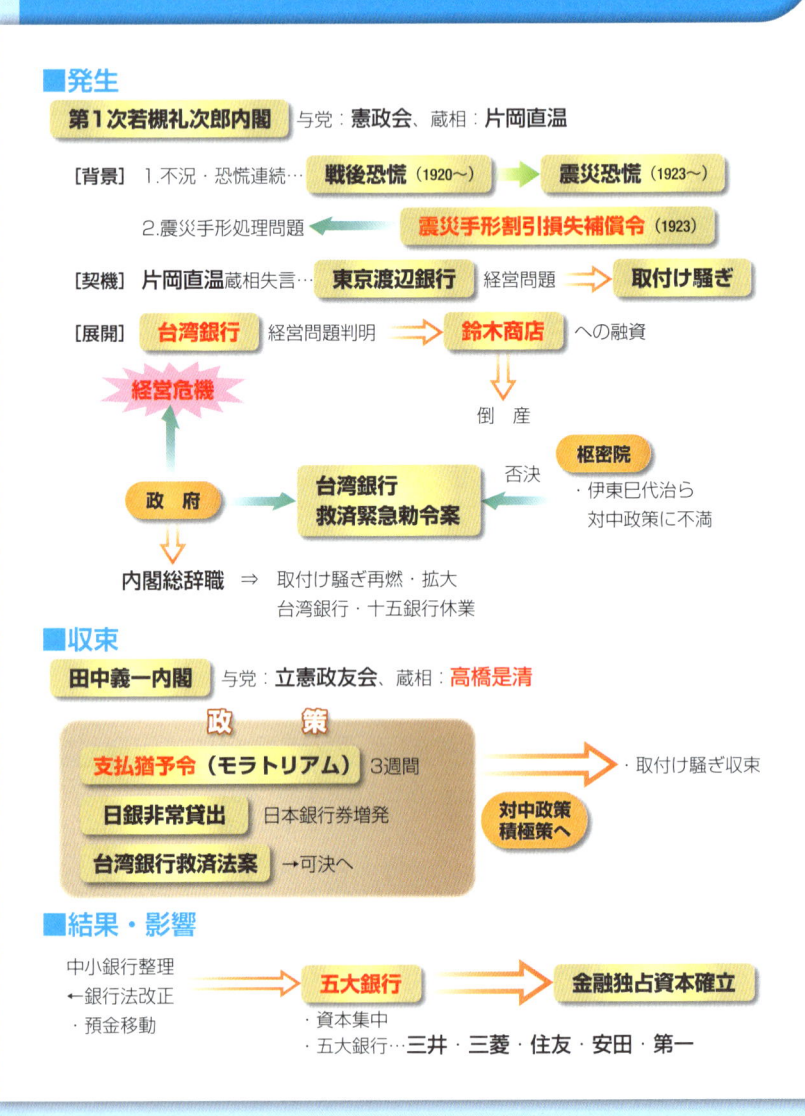

歴史の流れがわかる図解まとめ
金融恐慌

■発生

第1次若槻礼次郎内閣 与党：憲政会、蔵相：片岡直温

[背景] 1.不況・恐慌連続… **戦後恐慌**（1920〜） → **震災恐慌**（1923〜）

2.震災手形処理問題 ← **震災手形割引損失補償令**（1923）

[契機] 片岡直温蔵相失言… **東京渡辺銀行** 経営問題 ⇒ **取付け騒ぎ**

[展開] **台湾銀行** 経営問題判明 ⇒ **鈴木商店** への融資
　↓　　　　　　　　　　　　　　　　　　　　↓
経営危機　　　　　　　　　　　　　　　　倒　産

　↑　　　　　　　　　　　　　　否決　　**枢密院**
政府 → **台湾銀行救済緊急勅令案** ←　　・伊東巳代治ら
　　　　　　　　　　　　　　　　　　　　　対中政策に不満
　↓
内閣総辞職 ⇒ 取付け騒ぎ再燃・拡大
　　　　　　　台湾銀行・十五銀行休業

■収束

田中義一内閣 与党：立憲政友会、蔵相：**高橋是清**

政　策

支払猶予令（モラトリアム） 3週間 → ・取付け騒ぎ収束

日銀非常貸出 日本銀行券増発　　　対中政策
　　　　　　　　　　　　　　　　　　積極策へ
台湾銀行救済法案 →可決へ

■結果・影響

中小銀行整理
←銀行法改正　⇒　**五大銀行**　⇒　**金融独占資本確立**
・預金移動　　　・資本集中
　　　　　　　・五大銀行…三井・三菱・住友・安田・第一

大正時代・昭和時代（戦前）

解説

大正期の後半から、日本では不況・恐慌が続きます。**戦後恐慌**（1920）・**震災恐慌**（1923）がそれです。市場である中国情勢の不安定もあり、日本経済は混迷を増しました。

関東大震災直後、**第2次山本権兵衛内閣**→p.94は、金融機関救済のため**支払猶予令**・**震災手形割引損失補償令**（以下、補償令）を出しました。補償令は、**日本銀行**による事実上の金融機関の不良債権の肩代わりでした。その有効期限は2年でしたが、経済状況が好転しないため期限延長を余儀なくされました。そこで、**第1次若槻礼次郎内閣**→p.106は、国債発行による**震災手形**処理＝日銀の不良債権処理を計画しました。

法案審議中、**片岡直温**蔵相の失言（**東京渡辺銀行**経営問題）から預金の引出しが殺到しました（**取付け騒ぎ**）。そして、以前より懸念されていた特殊銀行**台湾銀行**の経営問題が議会で明らかになりました。融資先**鈴木商店**は倒産し、その結果、台湾銀行は多額の不良債権を抱えました。

政府は法案による救済は困難と考え、**緊急勅令**による救済に踏み切りました。しかし、対中政策に不満をもっていた**枢密院**に否決されたため、内閣総辞職に追い込まれ、取付け騒ぎは大銀行にも飛び火し、台湾銀行・十五銀行は休業に追い込まれる事態となりました。

続く**立憲政友会**の**田中義一内閣**→p.108は、蔵相**高橋是清**主導による恐慌解決策を実施しました。まず3週間の**支払猶予令**（モラトリアム）を実施し、同時に**日銀非常貸出**・**日本銀行券増発**による金融機関への融資をおこないました。増発紙幣は表面のみの印刷でしたが、休日返上で大量の資金が供給されたため、預金支払不能という事態は回避できました。また、高橋はこの期間中に**台湾銀行救済法案**を可決へと導きました。

対策は功を奏し、金融恐慌は沈静化しました。銀行法の改正もあり、多くの中小銀行が整理され、**五大銀行**（三井・三菱・住友・安田・第一）に資金が集中することになりました。こうして、財閥系金融機関＝**金融独占資本**による産業支配がいっそう強まりました。

入試ではこう出る

〈第1次若槻礼次郎内閣〉

☐1 台湾銀行の救済を目的として若槻内閣が上程した議案の名称を漢字で記せ。
(同志社大)

☐2 1920年代の日本経済は、戦後恐慌、震災恐慌と相次いで不況が続いた。そして、震災手形の処理をすることを考えた◯◯◯内閣が、そのための法案を議会に上程したところ、多くの銀行の不良貸付の実態と経営状態の悪化が表面化し、1927年には銀行への取付け騒ぎが起こった。空欄に該当する人名を姓名ともに記せ。
(早稲田大)

☐3 金融恐慌発生時の首相・与党・蔵相の組み合わせで正しいものを、次の①〜④の中から1つ選び、記号で答えなさい。
① 加藤高明−立憲民政党−片岡直温
② 若槻礼次郎−憲政会−片岡直温
③ 若槻礼次郎−立憲政友会−高橋是清
④ 田中義一−立憲政友会−高橋是清
(オリジナル)

☐4 第1次若槻内閣時の出来事でないものを、次の①〜④の中から1つ選び、記号で答えなさい。
① 金融恐慌
② 大正天皇崩御
③ 国民革命軍による北伐開始
④ 十月事件
(オリジナル)

☐1 台湾銀行救済緊急勅令

☐2 若槻礼次郎

☐3 ②

☐4 ④
※十月事件は1931年。第2次内閣時。

〈田中義一内閣〉

☐1 ｜ 1 ｜内閣は、3週間の｜ 2 ｜を発するなどして、金融恐慌の鎮静化に努めた。

問題1 空欄1の内閣のもとで金融恐慌の鎮静化に成功した大蔵大臣の姓名を記せ。

問題2 空欄2に該当する語句を記せ。

(早稲田大)

☐1 問題1　高橋是清
　　問題2　支払猶予令（モラトリアム）

☐2 ロンドン海軍軍縮条約の締結があった直前のある内閣の弾圧によって攻撃を受けるも、社会主義運動は持続していた。その内閣を組閣していた人物を答えよ。

(学習院大)

☐2 田中義一

☐3 田中義一に関する説明として正しいものを、次の①〜④の中から1つ選び、記号で答えなさい。

① 薩摩藩の下級武士出身である。
② 海軍大将を経て政界入りした。
③ 首相退任後、元老となった。
④ 立憲政友会総裁となった。

(オリジナル)

☐3 ④

☐4 田中義一内閣の時の出来事でないものを、次の①〜④の中から1つ選び、記号で答えなさい。

① 張作霖爆殺事件
② パリ不戦条約調印
③ 山東出兵
④ 無産政党の労働農民党結成

(オリジナル)

☐4 ④

※労働農民党の結成は1926年。

浜口雄幸内閣

昭和③　1929.7～1931.4

浜口雄幸（はまぐちおさち）（1870～1931）

第27代首相。大蔵官僚から政界入り。加藤高明内閣の蔵相、第1次若槻礼次郎内閣の内相・蔵相を歴任。**立憲民政党**初代総裁として、田中義一の後に首相就任。

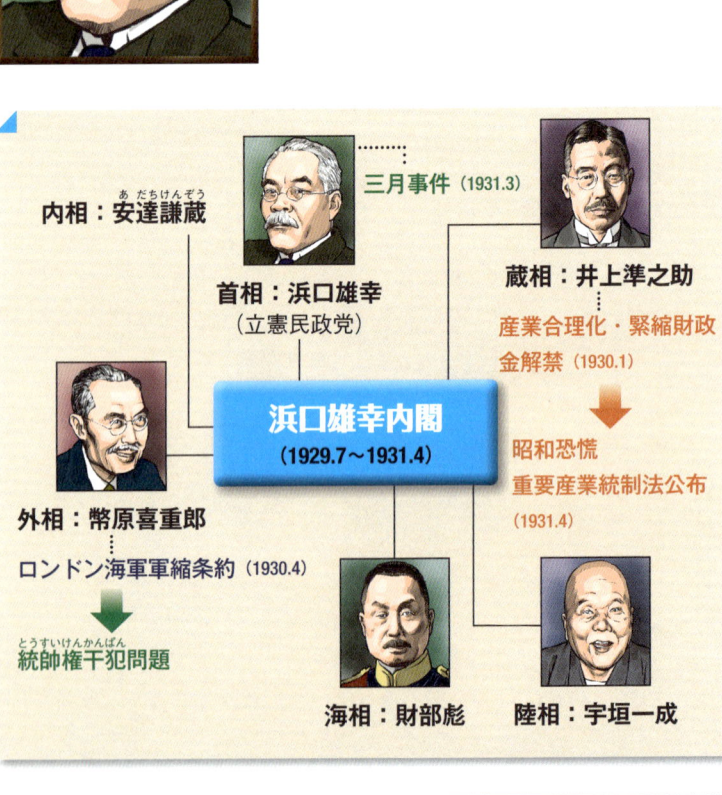

内相：安達謙蔵（あだちけんぞう）

首相：浜口雄幸（立憲民政党）
　三月事件（1931.3）

蔵相：井上準之助
　産業合理化・緊縮財政
　金解禁（1930.1）
　→ 昭和恐慌
　重要産業統制法公布（1931.4）

外相：幣原喜重郎
　ロンドン海軍軍縮条約（1930.4）
　→ 統帥権干犯問題（とうすいけんかんぱん）

浜口雄幸内閣（1929.7～1931.4）

海相：財部彪

陸相：宇垣一成

114　昭和時代（戦前）

当時の世の中

憲政会を中心に、旧政友本党の一部と合流するかたちで結成されたのが、**立憲民政党**でした。浜口雄幸がその初代総裁となりました。こうして**革新倶楽部**を事実上吸収した**立憲政友会**（総裁：**犬養毅**→p.122）との2大政党時代へと突入しました。

この内閣は前日銀総裁の**井上準之助**を蔵相とし、不況からの克服をはかろうとしました。また、懸案の**金解禁**（1930.1実施）→p.116を踏まえ、**緊縮財政・産業合理化**をすすめました。しかし、**世界恐慌**に対する判断を誤ったまま、**旧平価**による金解禁を実施したため、輸出業は減退、深刻なデフレ不況を招来し、日本の経済はいっそう深刻な状況となりました（**昭和恐慌**→p.126）。

外相に**幣原喜重郎**を起用したことは協調外交の復活を意味するものでした。ところが、経済政策の失策もあり、**ロンドン海軍軍縮条約**調印が政治問題化しました。**補助艦**の保有率が、**海軍軍令部**の主張（対英米7割以上）とは異なり、6.97割の比率で調印されたため、立憲政友会をはじめ反対派は激しくこれを批判し、いわゆる**統帥権干犯問題**→p.116にまで発展しました→p.118。

浜口は、1930年11月末、東京駅で愛国社社員に銃撃され、首相代行を立てましたが、容体が悪化し、内閣総辞職後に死去しました。

Point 浜口雄幸内閣

- ☑ 緊縮財政　⇨　デフレ政策、物価引下げが主目的
- ☑ ロンドン海軍軍縮条約（1930）　⇨　補助艦保有制限
- 　　　　　　　　　　　　　　　　⇨　統帥権干犯問題

関連人物・事件

金解禁

金本位制への復帰を指す。日本は第一次世界大戦中、欧米に合わせて金本位制を停止した（金輸出禁止、1917→p.76）。しかし、日本は1920年代には恐慌の連続もあり、金本位制復帰が実現せず、為替相場の下落状態が続いた。また大市場であった中国情勢の不安定も重なったため、経済状況は好転しなかった。そのため、浜口内閣では金解禁に踏み切った（1930.1）。金本位制は為替相場安定をもたらすが、円高状態となるため、緊縮財政・産業合理化を先だってすすめていた。世界恐慌への判断を誤り、旧平価で解禁をおこなったため、円の大幅な切上げ（＝円高）となり、輸出激減・農村恐慌が拡大し、昭和恐慌にいたった。

統帥権干犯問題

明治憲法では、統帥権は天皇大権とされていた。軍事作戦は陸軍では参謀総長、海軍では海軍軍令部長（後、軍令部総長）が輔弼した。海軍強硬派は、兵力量決定も軍令部に属するものと主張し、ロンドン海軍軍縮条約で、軍令部の意に反して補助艦保有率を対英米7割を下回る決定（6.97割）をした政府に反発した。野党政友会の犬養毅→p.122と鳩山一郎→p.190が議会で政府を攻撃したことから、軍部・民間右翼も政府を激しく攻撃した。

西暦年	事　項	
1929	.10 ニューヨーク株式相場大暴落（世界恐慌）	
	.11 金輸出解禁令公布（1930.1実施）	
1930	. 7 全国大衆党結成	. 4 ロンドン海軍軍縮条約
	.11 浜口狙撃事件	
1931	. 3 三月事件	
	. 4 重要産業統制法公布	

入試ではこう出る

□1 **統帥権干犯問題**が生じた際に内閣総理大臣を務めていた人物の氏名を漢字で記せ。
（同志社大）

□1 浜口雄幸

□2 英・米・日・仏・伊が参加して1930年の1月から4月までロンドンで行われた海軍軍縮会議の妥結案に対して、軍部や政友会は、政府を**統帥権の干犯**であると攻撃したが、内閣はこの条約を批准した。このときの内閣の首相で、同年右翼青年に銃撃されて重傷を負った人物は誰か。その人物名を漢字で記せ。
（同志社大）

□2 浜口雄幸

□3 田中義一内閣の総辞職を受け、内閣を組織した人物の氏名を答えよ。
（立命館大）

□3 浜口雄幸

□4 浜口雄幸内閣の時に起こった昭和恐慌に関する説明として誤っているものを、次のア～エの中から1つ選び、記号で答えよ。
ア．中国への生糸輸出が激減したため、養蚕農家は大打撃を受けた。
イ．米をはじめとする各種農産物の価格が暴落した。
ウ．企業の操業短縮・倒産が続出して失業者が増大した。
エ．政府は重要産業統制法を制定し、カルテルの結成をうながした。
（関西学院大）

□4 ア
※アメリカへの生糸輸出が激減した。

歴史の流れがわかる図解まとめ
1920年代の外交

基本政策：**協調外交**　中心人物：**幣原喜重郎**（駐米大使、外相）
　　　　　　　　　　　　　…憲政会、立憲民政党

対欧米：協調策

1921	**ワシントン会議**
1927	ジュネーヴ会議→決裂
1928	パリ会議→**パリ不戦条約**
	・**侵略戦争否定、自衛戦争容認**
1930	**ロンドン会議**→海軍軍縮
	提唱：マクドナルド
	日本全権：若槻礼次郎
	補助艦保有比率
	→英米：日＝10：6.97
	統帥権干犯問題
	→浜口雄幸狙撃

対中：内政不干渉＝市場拡大困難

1911	**辛亥革命**→清朝滅亡
	中華民国成立（1912）
	孫文亡命、北洋軍閥実権
	（袁世凱→段祺瑞）
1924	**国共合作**成立
	目的：中華民国統一
	国民党…**孫文**
	共産党…陳独秀
1925	孫文没→後継：蔣介石
	五・三〇事件⇒反帝国主義
1926	**北伐**開始←国民革命軍
1927	反共クーデタ（上海）、
	→国共合作分裂

■日本の対応

憲政会
・第1・2次加藤高明内閣→第1次若槻礼次郎内閣
・外相：幣原喜重郎
・内政不干渉

↓ 枢密院の干渉

立憲政友会
・田中義一内閣
・外相：田中義一兼任
・対中強硬
　（**強硬外交**）

1927	**山東出兵**（第1～3次）
	東方会議→満蒙権益確保
1928	済南事件
	満州某重大事件
	＝**張作霖**暗殺
	首謀者：河本大作（関東軍）

↓ 昭和天皇の不興

立憲民政党
・浜口雄幸内閣→第2次若槻礼次郎内閣
・外相：幣原喜重郎
・内政不干渉

大正時代・昭和時代（戦前）

解説

「**協調外交**」の時期は、協調という言葉だけに惑わされることなく、その中身をしっかりと確認しておかなければなりません。

「**協調外交**」を推進したのは、駐米大使・外相（憲政会・立憲民政党）を務めた**幣原喜重郎**です。そのため「**幣原外交**」ともいわれます。日本は**国際連盟**の**常任理事国**であり、欧米提案の国際会議に参加し、条約に調印したため、「協調」という語句が使用されました。

その始まりとされる**ワシントン会議**（1921～22）では第1次世界大戦で拡大した勢力が軍縮などで抑制されました（**ワシントン体制**）。

決裂したジュネーヴ会議（1927）後に開かれた**パリ会議**（1928）では、**不戦条約**（**パリ不戦条約**）が調印されました。「戦争放棄」が確認されたとされていますが、厳密には「**侵略戦争否定**」「**自衛戦争容認**」となりました。

世界恐慌を背景に開催された**ロンドン会議**（1930）では、**補助艦**保有比率を定めた軍縮条約が提案されました。統帥権に関与する海軍軍令部は対英米7割を主張しましたが、政府は6.97割で調印に踏み切り、野党・軍部は「**統帥権干犯**」→p.116だと政府を攻撃しました。

協調外交のもとでは対中国政策は、「**内政不干渉**」策となったため、市場拡大が困難となり、わが国の経済に深刻な影響を及ぼしました。

中国では「**国共合作**」が成立（1924）し、**孫文**の死後、実権を掌握した蔣介石により**北伐**が始まりました（1926）。

しかし、翌年には、上海での「**反共クーデタ**」により合作が分裂。内戦および内紛を好機ととらえた立憲政友会の田中義一内閣→p.108は、3度にわたる**山東出兵**をおこない、対中「**強硬外交**」へと転じました。「満蒙」権益維持のため、「満州」軍閥**張作霖**を支援しましたが、蔣に敗北後、関東軍は張作霖を暗殺して（**満州某重大事件**）、北伐阻止を企てました。この事件後、昭和天皇の不興をかい田中は辞職、中国では北伐完了＝中国統一が実現しました（1928.12）。

1920年代の外交

第2次若槻礼次郎内閣

昭和④ 1931.4～1931.12

若槻礼次郎 (1866～1949)

※詳細は第1次内閣→p.106を参照

第2次若槻礼次郎内閣（1931.4～1931.12）

- 首相：若槻礼次郎（立憲民政党） …… 十月事件（1931.10）
- 内相：安達謙蔵
- 外相：幣原喜重郎
  - 柳条湖事件（1931.9）
- 蔵相：井上準之助
- 海相：安保清種（あぼきよかず）
- 陸相：南次郎（みなみじろう）

昭和時代（戦前）

当時の世の中

浜口雄幸内閣がおこなった経済政策の失策により、**昭和恐慌**まっただなかであった国内では、「満蒙は日本の生命線」とまで言われていたように、「**満州**」・「**蒙古（モンゴル）**」に活路を求める空気が濃くなっていました。こうした状況のなかで組閣したのが第2次若槻礼次郎内閣です。

北伐を完了させた**蔣介石**による満州制圧や、**モンゴル人民共和国**を成立（1924）させ満州を狙うソ連の動きは日本にとって脅威でした。「**世界最終戦論**」を唱える関東軍の**石原莞爾**らは、**柳条湖**付近の南満州鉄道を爆破し（**柳条湖事件**、1931.9.18)、**関東軍**は長春を占領しました。いわゆる**満州事変**の始まりです。

政府は満州事変に対し「**不拡大方針**」を掲げますが、関東軍はこれを無視し、朝鮮駐留軍も独断で満州へ侵攻しました。各新聞は関東軍の行動を絶賛し、世論は満州事変賛成へと動きました。クーデタ未遂事件である**十月事件**も起こり、事変に対しても閣内不一致となり、内閣は軍部・世論から見放され総辞職しました。

西暦年	事　項	
1931	.10 十月事件	.9 柳条湖事件

入試ではこう出る

□1　第2次若槻内閣に関する出来事として正しいものを、次の1～4の中から1つ選べ。
　1．浜口雄幸の後をうけて、憲政会を与党にして組閣した。
　2．大蔵大臣は井上準之助であった。
　3．クーデタ未遂事件である三月事件が起こった。
　4．柳条湖事件直後、関東軍に出動命令を出した。
　　　　　　　　　　　　　　　　　　（オリジナル）

□1　2

犬養毅内閣

昭和⑤　1931.12～1932.5

犬養毅（1855～1932）

第29代首相。**立憲政友会**第6代総裁。**慶應義塾**中退後、**立憲改進党**入党。第1回選挙で当選以降18回連続当選。**第一次護憲運動**では尾崎行雄とともに「**憲政の神様**」と呼ばれた。**第二次護憲運動**にも関与した。一度政界を引退するも政友会総裁就任。第2次若槻内閣崩壊後、組閣。

血盟団事件（1932.2～3）………
五・一五事件（1932.5）→

首・外・内相：犬養毅
（立憲政友会）

犬養毅内閣
（1931.12～1932.5）

文相：鳩山一郎

蔵相：高橋是清
　　　金輸出再禁止（1931.12）
　　　積極財政

陸相：荒木貞夫

122　昭和時代（戦前）

当時の世の中

　若槻礼次郎の退陣を受けて、「憲政の神様」犬養毅が首相に就任しました。

　この内閣は、蔵相に高橋是清→p.124を起用して、恐慌対策に取り組みました。組閣直後に**金輸出再禁止**を実施し、**管理通貨制度**へと移行しました。また、赤字公債を財源に**積極財政**策をすすめ、恐慌対策に努めました。

　満州事変の状況下、**低為替政策**が功を奏して輸出が急増しました。また、軍事費増加が重化学工業発展を加速し、**新興財閥**→p.124の成長を促しました。この結果、日本は1933年には恐慌以前の水準に回復しました。

　経済政策とは逆に、国内情勢は不安定さを増していきます。政党・財閥への不信感から、**ファシズム**→p.124の動きが目立ち始めていきます。井上日召率いる、「一人一殺」を掲げた国家主義団体**血盟団**員が前蔵相**井上準之助**・三井合名会社理事長**団琢磨**を暗殺します（**血盟団事件**）。そして、犬養自身も、大陸政策に不満を抱く海軍青年将校らにより暗殺されました（**五・一五事件**、1932年）。

　ただ一人の元老となっていた西園寺公望は、政党による政権運営は困難と判断し、海軍出身の**斎藤実**を次期首相としました。これにより、**政党政治に幕をおろす**ことになりました。

Point 犬養毅内閣

- ☑ 金輸出再禁止（1931）　⇨　低為替政策、管理通貨制度移行
- ☑ 血盟団事件（1932）　⇨　井上日召「一人一殺」、
　　　　　　　　　　　　　　井上準之助・団琢磨暗殺

関連人物・事件

新興財閥

明治期に政商から発展した財閥とは異なり、大正・昭和初期に成立した財閥を指す。①**重化学工業が主体**、②軍部と結びつき朝鮮・「満州」に積極進出するなどの特徴がある。代表的な財閥として鮎川義介の「**日本産業会社（日産）**」、中島知久平の「**中島飛行機**」、野口遵の「**日本窒素肥料会社（日窒）**」などがある。前2社は軍事産業として成長した。

ファシズム

語源はイタリアの**ムッソリーニ**率いる**ファシスタ党**。世界恐慌を機に、急速に台頭した思想。ドイツの**ヒトラー**は彼の影響を受けたことはよく知られている。日本語の定義としては「**全体主義**」とされることが多い。筆者は「**合法的に反対意見を抹殺するシステム**」という定義を提唱。日本・ドイツ・イタリア（＋スペイン）での共通点は、①政党・財閥（大資本家）を攻撃、②1党独裁を実現、③共産主義を敵視すること、などがある。わが国でも、その動きを強め、近衛文麿内閣→p.138の時代に発展・確立したとする考えが主流→p.152。

高橋是清（1854〜1936）

1925年に政界を引退した後も請われて数度蔵相に就任した。田中義一内閣→p.108では**金融恐慌**の収束、犬養毅内閣でも**世界恐慌（昭和恐慌）**からの脱却を実現した。岡田内閣→p.130でも蔵相を務めたが、**二・二六事件**（1936）で暗殺された。

西暦年	事　項	
1931	.12 金輸出再禁止 　　　積極財政	
1932		.1 第一次上海事変
	.2〜3 血盟団事件	.2 リットン調査団派遣 　　（国際連盟）
	.5 五・一五事件	.3 満州国建国

昭和時代（戦前）

入試ではこう出る

□1 尾崎行雄らと共に革新倶楽部を結成した人物で、憲政擁護運動においても先頭に立って活躍した。昭和4（1929）年には立憲政友会総裁に推され、昭和6（1931）年に組閣をした。この人物とは誰か。その姓名を記せ。
(同志社大)

□2 1932年4月の段階で内閣を組織していた首相の姓名を漢字で記せ。
(早稲田大／法)

□3 五・一五事件で倒れた時の内閣総理大臣に関する記述で誤っているものを、次のア〜オの中から1つ選び、記号で答えよ。
ア．尾崎行雄らと共に立憲改進党の創立に参画した。
イ．第1次大隈内閣において尾崎行雄の後任として文部大臣を引き継いだ。
ウ．立憲国民党の指導者として第1次護憲運動を推進し、第3次桂内閣を倒した。
エ．東方会を通じて頭山満とともに、中国革命を支援した。
オ．田中義一が死去した後、立憲政友会の総裁に就任した。
(早稲田大)

□4 高橋是清は、1931年12月に成立した内閣の大蔵大臣として、金輸出再禁止を断行した。この内閣の首相は誰か。
(立教大)

□1 犬養毅

□2 犬養毅

□3 エ

□4 犬養毅

歴史の流れがわかる図解まとめ
昭和恐慌

■背景
①1920年代…不況・恐慌連続
②為替相場下落状態＝円安
③中国市場不安定←反日運動、北伐

■発生

浜口雄幸内閣（立憲民政党）　　蔵相　**井上準之助**　井上財政

[政策]

金解禁
（円高、為替相場安定）
↓
（ほぼ固定相場）

緊縮財政（物価下落）

産業合理化（価格低下、国際競争力強化）

旧平価で実施

世界恐慌（1929.10～）

実質的に円の大幅な切上げ＝円高

・輸出激減→工場閉鎖・企業倒産→失業者増大
・農産物価格暴落→農村恐慌

政府

昭和恐慌 ← **重要産業統制法**（1931）

■収束

犬養毅内閣（立憲政友会）→ 景気回復（斎藤実内閣、岡田啓介内閣）

蔵相　**高橋是清**　高橋財政
[政策]
　　　　　　　　　　　　→ 管理通貨制度
金輸出再禁止（1931.12）　低為替政策→ **円安**

積極財政　財源：赤字公債
・軍事費支出増大→重化学工業発展
・恐慌対策費

満州事変（1931～33）

→1933　**恐慌以前の水準に回復**

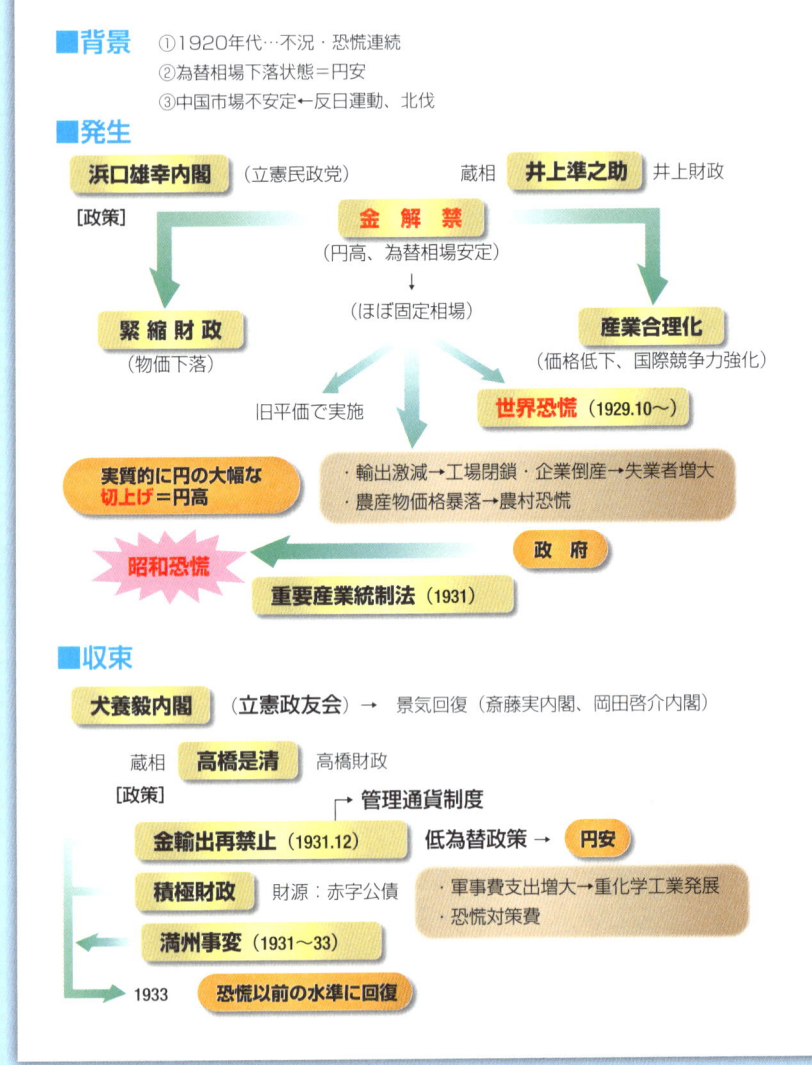

昭和時代（戦前）

解 説

　田中義一内閣退陣後、立憲民政党の**浜口雄幸内閣**→p.114は、蔵相**井上準之助**のもと懸案の**金解禁**＝金本位制復帰に舵を切ります。浜口は大蔵官僚出身で、井上は日銀総裁を務めていました。金解禁策は、「**円高**」**政策**のため、輸出品の価格が相対的に上昇することになります。

　井上は、1920年代の恐慌対策などで膨張気味であった財政の健全化を目指し「**緊縮財政**」をおこない、物価下落を企図しました。また、経営・産業効率の向上を目指し、「**産業合理化**」を推進します。製品価格の低下を実現し、国際競争力の強化を目指すものです。そして政府は、1930年1月に**金解禁**実施を決定しました。しかし、「**緊縮財政**」「**産業合理化**」両政策は中小企業・工場の整理を意味し、金融恐慌後、融資元の中小銀行減少もあり、中小企業は苦境に立たされることになりました。

　また、1929年10月、アメリカで恐慌が始まっていました。結果的には、**世界恐慌**となるのですが、政府はその対応を誤りました。産業界は、金解禁実施延期を要求しますが、政府は予定通りに実施しました。当時の円安の為替相場に沿った新平価での実施の意見もありましたが、円高の「旧平価」での実施であったため、実質的には**円の大幅な切上げ**＝**円高**となりました。政府は、金解禁による為替相場の安定（ほぼ、相場が固定）を期待していました。

　しかし、結果はすべて裏目に出て、失業者増大・農村恐慌をもたらす**昭和恐慌**に突入しました。政府は大企業を保護する**重要産業統制法**（1931）を出すにとどまりました。

　立憲政友会の**犬養毅内閣**→p.122では、蔵相**高橋是清**が恐慌対策にあたり、組閣直後、**金輸出再禁止**による**低為替政策**、**管理通貨制度**移行を実現しました。また赤字公債を財源とする**積極財政**をおこない、**満州事変**による軍事費を中心に多くの資金が供給されました。積極財政の結果、市場の安定によりイギリスを抜き綿織物輸出が1位となり、新興財閥の成長もあり、1933年には恐慌以前の水準に経済が回復しました。

斎藤実内閣

昭和⑥　1932.5〜1934.7

斎藤実（さいとうまこと）（1858〜1936）

第30代首相。海軍大将・子爵。第1次西園寺内閣で海相就任後、5内閣で海相を歴任し海軍の整備をおこなう。**ジーメンス事件**（1914）で海相辞任。**三・一運動**（1919）後、朝鮮総督に就任し、「**文化政治**」を推進。五・一五事件後、首相に就任。辞職後は内大臣になるが、**二・二六事件**（1936）で暗殺された。

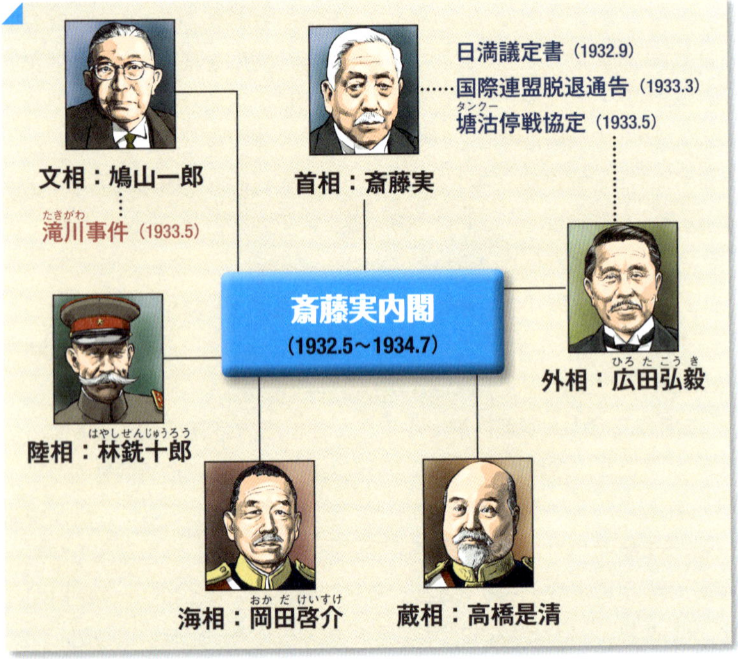

文相：鳩山一郎
滝川事件（たきがわ）（1933.5）

首相：斎藤実
　日満議定書（1932.9）
　国際連盟脱退通告（1933.3）
　塘沽停戦協定（タンクー）（1933.5）

外相：広田弘毅（ひろたこうき）

陸相：林銑十郎（はやしせんじゅうろう）

斎藤実内閣（1932.5〜1934.7）

海相：岡田啓介（おかだけいすけ）

蔵相：高橋是清

昭和時代（戦前）

当時の世の中

　五・一五事件後、政党政治の限界を悟った元老西園寺公望は、良識派とされた海軍出身の斎藤実を首相に奏薦（推薦）しました。彼はいわゆる「**挙国一致**」内閣をつくりあげ、陸軍との協調をはかりました。

　経済対策としては、蔵相に高橋是清を留任させ、農山漁村経済更生運動など恐慌下の農村救済に業績を上げました。**綿織物輸出**はイギリスを抜いて**世界第1位**となり、また、1933年には経済が恐慌以前の水準に回復しました。

　社会情勢は、ファシズム体制が進展し、『蟹工船』の著者**小林多喜二**の殺害事件（1933.2）、文相の**鳩山一郎**→p.190が関与した**滝川事件**（京大教授である滝川幸辰の著作が問題となり滝川が休職処分となった事件1933.5）、共産党員の**転向**、**日本国家社会党**結成（1932.5）などの動きがみられました。

　外交政策は**満州事変**への対応で、**日満議定書**（1932.9）を締結して**満州国を承認**し、また、翌年の**国際連盟**の臨時総会後、**脱退**を通告しました（全権は**松岡洋右**→p.150、1933.3）。その後結ばれた**塘沽停戦協定**（1933.5）で満州事変は終結し、満州国は完全に日本の傀儡となりました。

　1934年の帝人事件（帝国人造絹糸会社の株式の譲渡をめぐる疑獄事件）で、この内閣は総辞職に追い込まれました。

西暦年	事　項	
1932	.9 日満議定書	
	農山漁村経済更生運動	
1933	.3 国際連盟脱退通告	
	.5 塘沽停戦協定	.5 滝川事件

※入試ではこう出る…p.134

岡田啓介内閣

昭和⑦　1934.7～1936.3

岡田啓介（1868～1952）

第31代首相。海軍大将。田中・斎藤内閣で海相就任。**ロンドン海軍軍縮会議**（1930）では、米英協調を主張し、条約調印を実現した。1934年、元老西園寺の推薦により首相になるも、政治力は弱く、海軍強硬派を抑えきれず、ロンドン海軍軍縮会議脱退に追い込まれた。**二・二六事件**（1936）後、総辞職した。

天皇機関説問題（1935.2）　……　ロンドン海軍軍縮会議
　↓　　　　　　　　　　　　　脱退通告（1936.1）
国体明徴声明（1935.8・10）

首・逓信相：岡田啓介

岡田啓介内閣
（1934.7～1936.3）

陸相：林銑十郎
華北分離工作開始（1935.6）
二・二六事件（1936.2）

外相：広田弘毅

蔵相：高橋是清

昭和時代（戦前）

当時の世の中

斎藤実の退陣を受けて、元老西園寺公望は海軍大将であった岡田啓介を首相に推薦しました。この内閣は「挙国一致」内閣を継承するも、政治力は弱体でした。

出身母体の海軍強硬派を抑えきれず、(第2次)**ロンドン海軍軍縮会議脱退**に追い込まれました（1936.1）。また、陸軍は中国で**華北分離工作**→p.154 をおこないました。

国内では、1934年、陸軍が発行した『国防の本義と其強化の提唱』というパンフレットが、軍の政治関与として批判されました。また、この内閣は**天皇機関説問題**の対応に苦慮し、**美濃部達吉**の著書『**憲法撮要**』を発禁処分とし、美濃部は貴族院議員を辞職しました。そして政府が機関説を否定する**国体明徴声明**を出してこの問題を切り抜けました。

軍務局長永田鉄山刺殺事件など、不穏な動きを見せていた陸軍皇道派青年将校らによる**二・二六事件**（1936）→p.152 の後、この内閣は総辞職しました。この事件では、蔵相**高橋是清**・内大臣**斎藤実**・教育総監**渡辺錠太郎**（陸軍統制派）らが殺害されました。

西暦年	事　項	
1934	.10 陸軍『国防の本義と其強化の提唱』配布	.9 ソ連、国際連盟加入 .10 中国共産党大西遷
1935	.2 天皇機関説問題 .6 華北分離工作開始 .8・10 国体明徴声明	.9 芥川賞・直木賞創設
1936	.1 ロンドン海軍軍縮会議脱退通告 .2 二・二六事件	

※入試ではこう出る…p.134

広田弘毅内閣

昭和⑧　1936.3～1937.2

広田弘毅（1878～1948）

第32代首相。外交官試験首席合格。外務省での同期は吉田茂。斎藤・岡田内閣で外相就任。岡田内閣総辞職後、首相就任（外相兼任）。閣内不統一により内閣総辞職。戦後、**東京裁判**で**A級戦犯**として訴追され、文官で唯一の死刑となった。

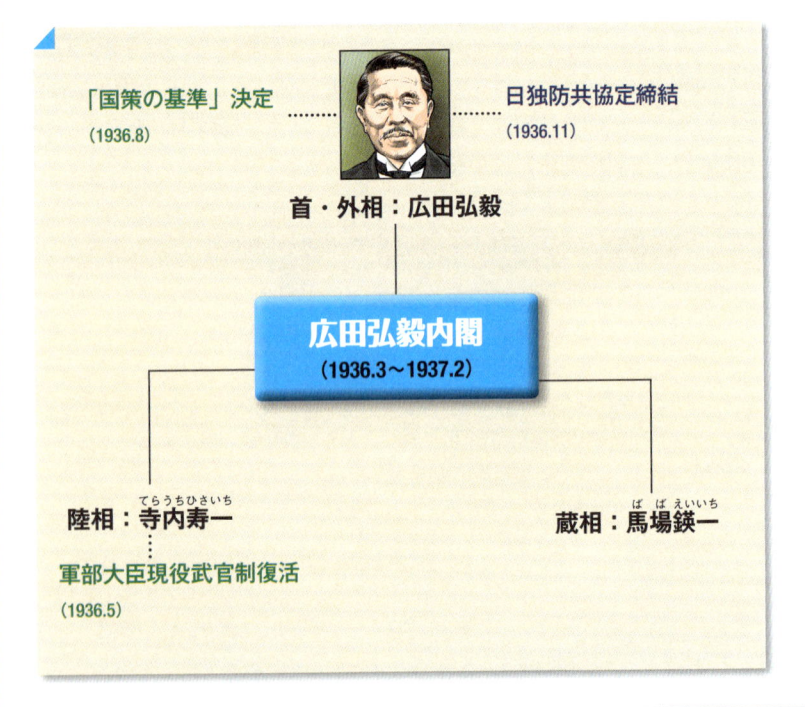

「国策の基準」決定
(1936.8)

日独防共協定締結
(1936.11)

首・外相：広田弘毅

広田弘毅内閣
（1936.3～1937.2）

陸相：寺内寿一
軍部大臣現役武官制復活
(1936.5)

蔵相：馬場鍈一

当時の世の中

　二・二六事件後、元老西園寺公望は岡田啓介内閣の外相広田弘毅を外相兼任で首相に推薦しました。

　広田は、二・二六事件の事後処理として、陸軍幹部の更迭、事件首謀者の処罰など大規模な粛軍を実施しました。しかし、**軍部大臣現役武官制復活**を実現させ、軍部の政治介入を許すことになりました。また、日露戦争の後に国防の基本戦略を記した軍事機密である**帝国国防方針**を改定、仮想敵国をアメリカ・ソ連・イギリス・中国とし、さらに軍備増強と国家総動員体制の構築を目指した「**国策の基準**」を決定しました。具体的な内容には陸軍主導の華北分離工作→p.154推進などがあります。

　他に、蔵相馬場鍈一は、二・二六事件で暗殺された前蔵相高橋是清が否定していた増税・公債増発による軍備拡張予算を実現し、軍部の意見を広範に受け入れました。

　外相時代の広田は「協和外交」を掲げ、周辺諸国・地域との協調を目指し、とくにソ連との関係を重視していました。しかし、1936年11月にはソ連を仮想敵国としてドイツとの連携を目指した**日独防共協定**を締結しました。

　結果、この内閣は、日本の軍国主義体制への舵をきる契機となりました。

西暦年	事　項	
1936	.5 軍部大臣現役武官制復活	
	.6 帝国国防方針の改定	
	.8 「国策の基準」決定	.7 スペイン内乱
		.8 ベルリン・オリンピック
	.11 日独防共協定締結	.12 西安事件

※入試ではこう出る…p.135

入試ではこう出る

〈斎藤実内閣〉

☐1 空欄に入る語句を答えなさい。
五・一五事件で倒れた犬養毅内閣の後継内閣は、（中略）第1党の立憲政友会による内閣が成立するはずであった。しかし軍部が政党内閣樹立に反対したことから、組閣の大命は海軍大将の斎藤実に降下し、ここに立憲政友会・立憲民政党を与党とする「□□□□内閣」が誕生した。
(早稲田大)

☐1 挙国一致

☐2 斎藤実内閣は□□□□を取り交わして満州国を承認した。しかし国際連盟は、リットン調査団の報告書に基づき満州国が日本の傀儡国家であると認定し、日本に対して満州国の承認を撤回することを求める勧告案を採択した。空欄に入る語句を記せ。
(早稲田大)

☐2 日満議定書

〈岡田啓介内閣〉

☐1 国体明徴声明を発表したときの内閣総理大臣は誰か。
(同志社大)

☐1 岡田啓介

☐2 岡田啓介に関する記述として正しくないものはどれか。次のa～dの中から1つ選び記号で答えよ。
a．海軍大将を務めた。
b．内閣総理大臣在住中に、『国防の本義と其強化の提唱』と題された陸軍の手によるパンフレットが配布された。
c．内閣総理大臣在任中に、日本は、ロンドン海軍軍縮会議から脱退した。
d．二・二六事件で、暗殺された。
(立教大)

☐2 d

〈広田弘毅内閣〉

☐1 二・二六事件の後、1936年に再び軍部大臣現役武官制を復活させた内閣総理大臣で、戦後東京裁判で戦争犯罪人として起訴されたのは誰か。
(同志社大)

☐1 広田弘毅

☐2 広田弘毅内閣の政策でないものを、次の1～4の中から1つ選べ。
1．帝国国防方針の改定
2．日独防共協定の締結
3．軍部大臣現役武官制の復活
4．農山漁村経済更生運動の着手
(同志社大)

☐2 4
※斎藤実内閣の時。

☐3 日本の軍部は、1931年の柳条湖事件を機に満州で軍事行動を開始し、その結果、翌年には満州国の建国が宣言された。 1 内閣は満州国を承認し、これを承認しない国際連盟からの脱退を決めた。こうして、日本は国際的に孤立することになるが、日本の国内では軍部の行動が支持された。1936年の高橋是清大蔵大臣等が殺害された二・二六事件の後、軍部は政治的影響力をいっそう強め、 2 内閣に対しては、軍部大臣現役武官制の復活等の要求を受け入れさせた。
問題 空欄1・2に該当する人物名の組合せとして、最も適当なものを次のア～エより選び、記号で答えよ。
ア．1：岡田啓介　2：広田弘毅
イ．1：岡田啓介　2：平沼騏一郎
ウ．1：斎藤実　　2：広田弘毅
エ．1：斎藤実　　2：平沼騏一郎
(関西学院大)

☐3 ウ

林銑十郎内閣

昭和⑨ 1937.2～1937.6

林銑十郎（はやしせんじゅうろう）（1876～1943）

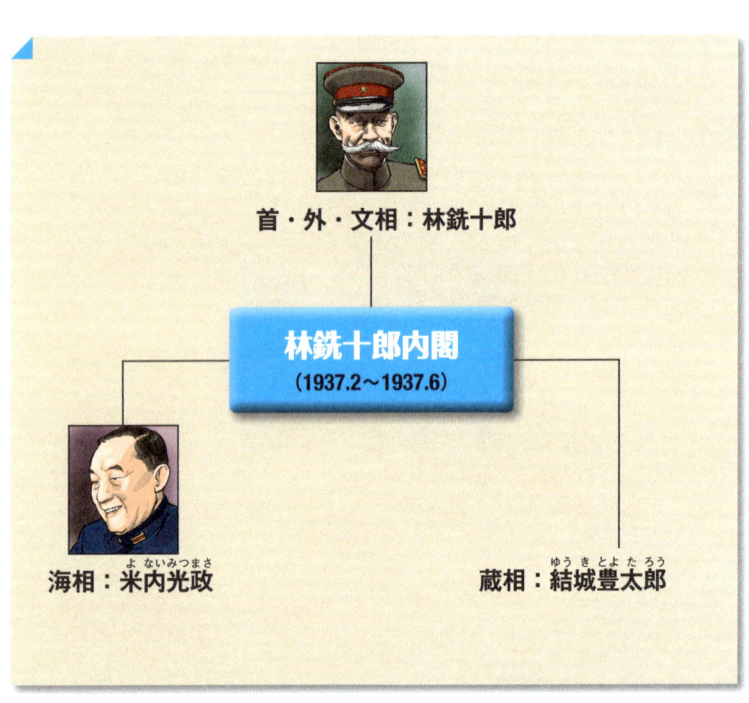

第33代首相。陸軍大将。斎藤、岡田内閣の陸相。当初、陸軍皇道派であったが、統制派に鞍替え。宇垣一成の組閣失敗後、組閣した。

首・外・文相：林銑十郎

林銑十郎内閣
（1937.2～1937.6）

海相：米内光政（よないみつまさ）

蔵相：結城豊太郎（ゆうきとよたろう）

昭和時代（戦前）

当時の世の中

広田弘毅の後任として組閣の大命を受けたのは陸軍の宇垣一成でしたが、出身母体の陸軍が反対して陸相を出さなかったため、軍部大臣現役武官制により失敗しました（**流産内閣**）。

そこで、統制派の林銑十郎が首相となりましたが、短命内閣であったため具体的な政策はなく、「**何もせんじゅうろう内閣**」と陰口されたぐらいでした。

蔵相には、日本興業銀行総裁・商工組合中央金庫初代理事長の結城豊太郎を任じ、財界と軍部の協調をはかりました（**軍財抱合**）。昭和12年度予算成立直後、衆議院解散（**食い逃げ解散**）・総選挙に踏み切りましたが、選挙後、政党勢力の攻撃を受け、総辞職に追い込まれました。

西暦年	事 項
1937	. 5 イギリス、チェンバレン首相就任

入試ではこう出る

□1 広田弘毅内閣崩壊後、組閣に失敗した宇垣一成の後を受けて、組閣した陸軍統制派の人物は誰か。次のA〜Dの中から1つ選び、記号で答えよ。
　A. 荒木貞夫　　B. 永田鉄山
　C. 林銑十郎　　D. 東条英機
　　　　　　　　　　　　　（オリジナル）

□1　C
※荒木は皇道派。永田は陸軍内の抗争で暗殺(1935)。東条は1941年に組閣。

第1次近衛文麿内閣

昭和⑩　1937.6～1939.1

近衛文麿（1891～1945）

第34、38、39代首相。公爵・**五摂家筆頭**である近衛家当主。**西園寺公望**は彼の師的存在。1933年、第5代貴族院議長に就任。大衆的な人気もあり、首相待望論があった。敗戦後、戦犯に指名され服毒自殺。平成時代の首相**細川護熙**は彼の孫。

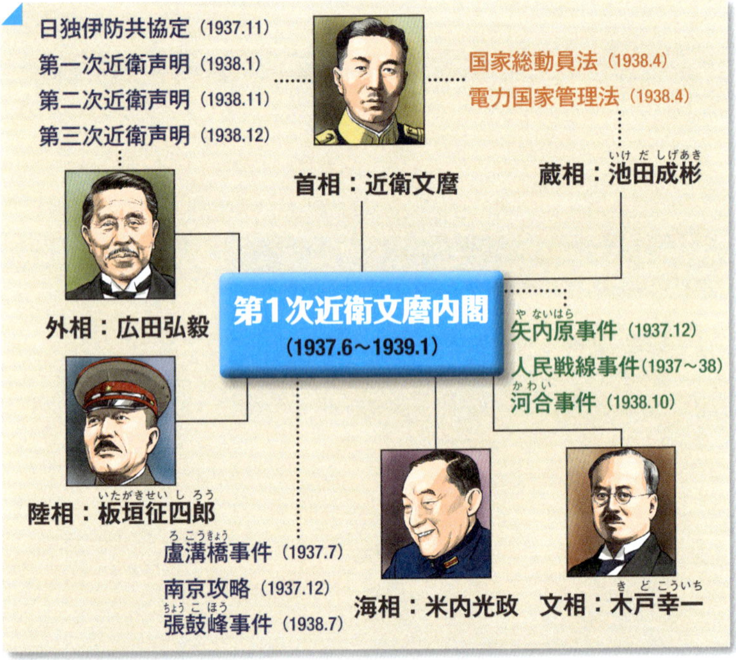

第1次近衛文麿内閣（1937.6～1939.1）

首相：近衛文麿
- 日独伊防共協定（1937.11）
- 第一次近衛声明（1938.1）
- 第二次近衛声明（1938.11）
- 第三次近衛声明（1938.12）
- 国家総動員法（1938.4）
- 電力国家管理法（1938.4）

外相：広田弘毅

蔵相：池田成彬
- 矢内原事件（1937.12）
- 人民戦線事件（1937～38）
- 河合事件（1938.10）

陸相：板垣征四郎
- 盧溝橋事件（1937.7）
- 南京攻略（1937.12）
- 張鼓峰事件（1938.7）

海相：米内光政

文相：木戸幸一

昭和時代（戦前）

当時の世の中

　元老西園寺公望は、父近衛篤麿死後に12歳で爵位を継いでいた近衛文麿を積極的に援助しており、パリ講和会議の際にも近衛を秘書として同伴させたりしていました。近衛は第5代貴族院議長就任後、西園寺の推薦下、各界の期待を背に組閣（第1次内閣）しました。

　盧溝橋事件（1937.7.7）を契機に**日中戦争**が勃発すると、内閣は**不拡大方針**を掲げましたが、次第に軍部に追随しました。首都**南京**陥落（1937.12）後、翌年1月の**第一次近衛声明**で「国民政府を対手とせず」と和平交渉の打切りを発表し、全面戦争に突入、11月に「**東亜新秩序**」建設→p.140声明（**第二次近衛声明**）、12月に近衛三原則（**第三次近衛声明**）を発表しました→p.154。

　ソ連との関係も悪化し、**日独伊三国防共協定**→p.140成立（1937.11）後、満州とソ連の国境で日ソ両軍が衝突した**張鼓峰事件**（1938.7）では大敗しました。

　国内では、挙国一致・尽忠報告・堅忍持久をスローガンにして**国民精神総動員運動**を推進し、**国家総動員法**→p.140や**電力国家管理法**を成立（1938.4）させ、戦時体制を推進しました→p.152。また、東大教授矢内原忠雄が辞職した**矢内原事件**（1937.12）、左翼の活動家（第1次）や、大内兵衛ら学者（第2次）が検挙された**人民戦線事件**（1937～38）、東大教授河合栄治郎が休職処分となった**河合事件**（1938.10）で思想統制も進み、ファシズム体制が大きく進展することになりました。

Point　第1次近衛文麿内閣

- ☑ 盧溝橋事件（1937.7）　⇨　第二次国共合作（1937.9）
　⇨　南京攻略（1937.12）　⇨　第一次近衛声明（1938.1）
　⇒全面戦争
- ☑ 人民戦線事件（1937～38）　⇨　合法左翼弾圧

関連人物・事件

東亜新秩序建設

1938年11月の**第二次近衛声明**で表明。蒋介石打倒を掲げ、日中戦争を正当化。事実上、**ワシントン体制** →p.90 **打破**を意味するため、アメリカ・イギリスとの対立が深刻化。アメリカは経済制裁に踏み切る →p.162。**日米戦争**（太平洋戦争・大東亜戦争、1941.12〜）の遠因となる。

日独伊三国防共協定

国際連盟を脱退した日本とドイツが「防共」＝「ソ連を仮想敵国」として結びつき、**日独防共協定**を調印（1936.11）。翌1937年にはイタリアも参加し三国防共協定となった。協定そのものは、実効性に欠けるものであったが、**第二次世界大戦**勃発（1939.9.1）後、軍事同盟の必要性を感じた日独は軍事同盟＝**日独伊三国同盟** →p.150 を調印した（1940.9）。

国家総動員法

戦時統制政策の基本法。1938年4月1日公布。内閣直属の**企画院**が主導。戦争遂行を目的とし、人的・物的資源の統制運用を可能とした。勅令により、政策が運用されるため、事実上**議会政治は有名無実化**した。翌1939年には、**賃金統制令**・**国民徴用令**・**価格等統制令**が出され、統制政策が進展した。

西暦年	事　項	
1937	.7 盧溝橋事件→日中戦争勃発 .11 日独伊三国防共協定 .12 南京攻略	.9 第二次国共合作 .12 矢内原事件 　　第1次人民戦線事件 　　伊、国際連盟脱退
1938	.1 第一次近衛声明 .4 国家総動員法、電力国家管理法 .7 張鼓峰事件 .11 第二次近衛声明 .12 第三次近衛声明	.2 第2次人民戦線事件 .10 河合事件

入試ではこう出る

□1 第40回衆議院議員総選挙で、自由民主党は衆議院での過半数の議席の獲得に失敗し、1955年の結党以来、はじめて野党に転落するきっかけとなった。この結果成立した内閣の首相（＝細川護熙）は、第二次世界大戦前に首相であった人物の外孫である。首相であった祖父の人物名を記せ。
(同志社大)

□2 戦犯としてGHQから逮捕状が出た直後に服毒自殺した元総理大臣は誰か。
(同志社大)

□3 日中戦争開始後、「挙国一致・尽忠報国・堅忍持久」をスローガンに、近衛文麿内閣が推し進めた運動を何というか。
(慶應義塾大)

□4 第1次近衛文麿内閣が成立した直後に北京郊外で日中両軍が衝突する事件が発生する。この事件の名称を漢字で記せ。
(同志社大)

□5 第1次近衛内閣では、対中国政策に関連する声明が3度出された。下記の1〜3を時期の早い順に並べ直せ。
1. 日本の戦争目的が東亜新秩序建設にあることを発表した。
2. 対中国和平の3原則（善隣友好・共同防共・経済提携）を示した。
3. 「国民政府を対手とせず」と声明した。
(同志社大)

□1 近衛文麿

□2 近衛文麿

□3 国民精神総動員運動

□4 盧溝橋事件

□5 3→1→2

平沼騏一郎内閣

昭和⑪　1939.1〜1939.8

平沼騏一郎（ひらぬま きいちろう）（1867〜1952）

第35代首相。帝国大学卒業後、司法界・法曹界の官僚として権力をもち、1910年の**大逆事件**では検事として**幸徳秋水**らに死刑を求刑した。政治姿勢は極端な保守・国家主義を主張した。**独ソ不可侵条約**締結後、外交方針を見失い総辞職。戦後、**A級戦犯**として終身刑中に病死。

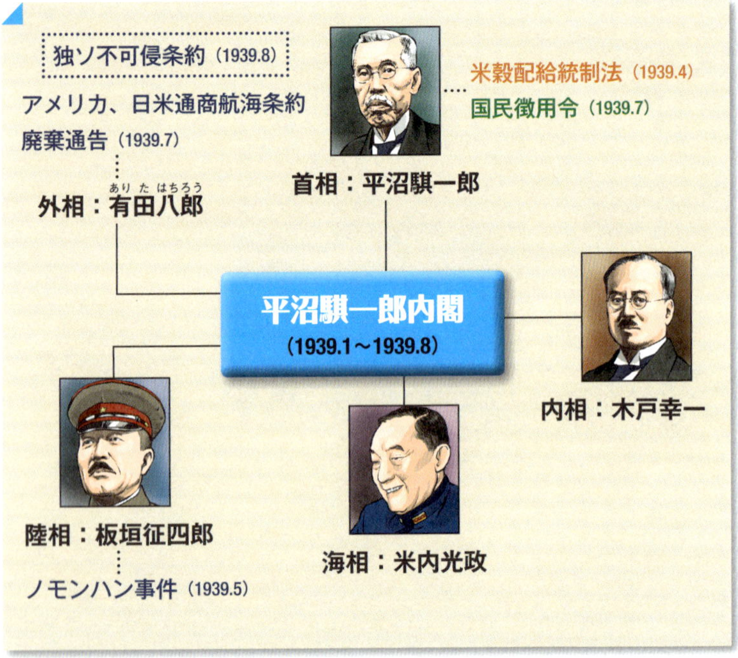

外相：有田八郎（ありた はちろう）
- 独ソ不可侵条約（1939.8）
- アメリカ、日米通商航海条約廃棄通告（1939.7）

首相：平沼騏一郎
- 米穀配給統制法（1939.4）
- 国民徴用令（1939.7）

内相：木戸幸一

陸相：板垣征四郎
- ノモンハン事件（1939.5）

海相：米内光政

平沼騏一郎内閣（1939.1〜1939.8）

142　昭和時代（戦前）

当時の世の中

　近衛文麿退陣後、枢密院議長の平沼騏一郎が組閣しました。彼は極端な国家主義を主張したため、昭和天皇や元老西園寺公望は彼を危険人物視していました。しかし、高齢となった西園寺の政治的影響力の低下もあり、平沼が親英米派と妥協することを条件に首相となりました。第1次近衛内閣の後継としての性格が強く、入れ替わって**枢密院議長**となった前首相近衛も彼に協力しました。

　内政では、総動員体制を推進し、**米穀配給統制法**（1939.4）、**国民徴用令**（1939.7）などを制定しました。外交では、ソ連との対決姿勢を明確にし、ドイツとの軍事同盟締結を目指しました。しかし、**ノモンハン事件**（1939.5）でソ連に大敗し、ドイツとソ連による**独ソ不可侵条約**締結（1939.8.23）後、外交方針を見失ったため、内閣は同月28日、「**欧州の天地は複雑怪奇**」という声明とともに総辞職しました。

西暦年	事　項	
1939	.4 米穀配給統制法	
	.5 ノモンハン事件	
	.7 国民徴用令	
	米、通商航海条約廃棄通告	.8 独ソ不可侵条約

入試ではこう出る

□1　平沼内閣に関する出来事として誤っているものを、次の①〜④の中から1つ選び、記号で答えよ。
① ソ連軍と衝突した張鼓峰事件が起きた。
② 国民徴用令が制定された。
③ 米から日米通商航海条約廃棄が通告された。
④ 独ソ不可侵条約が締結された。
（オリジナル）

□1　①
※張鼓峰事件は、第1次近衛文麿内閣の時期。

阿部信行内閣

昭和⑫　1939.8～1940.1

阿部信行（あべ のぶゆき）（1875～1953）

第36代首相。陸軍大将。陸軍の推挙と昭和天皇の好評価もあり、平沼内閣崩壊後、首相に就任。天皇側近の木戸幸一とは姻戚関係にあった。首相辞職後は、**翼賛政治体制協議会**会長、**翼賛政治会**総裁を務めた。終戦時は**朝鮮総督**。A級戦犯容疑で逮捕されるが不起訴となった。

第二次世界大戦勃発
(1939.9)

価格等統制令（そうしかいめい）(1939.10)
創氏改名強制 (1939.11)

首・外相：阿部信行

阿部信行内閣
（1939.8～1940.1）

陸相：畑俊六（はたしゅんろく）

昭和時代（戦前）

当時の世の中

平沼騏一郎退陣を受けて阿部信行が組閣しましたが、就任2日後（1939.9.1）にドイツがポーランドに侵攻し、**第二次世界大戦**が勃発しました。阿部の組閣は陸軍の推挙を得ておこなわれたものでしたが、阿部内閣は、軍事同盟を含めてドイツへの接近は、アメリカ・イギリスとの対立を加速するものとして、大戦不介入の方針を発表しました。

この内閣は日中戦争の早期終了を目指したものの、出身母体の陸軍の反発を受け、総辞職に追い込まれることになります。

国内では、彼が主導したわけではありませんが、**価格等統制令**の公布（1939.10）や、朝鮮人に対する**創氏改名**強制（1939.11）を実現しました。また、早大教授**津田左右吉**の著作が問題視されるなど、思想・学問統制も強化されました。

西暦年	事項	
1939	.10 価格等統制令	.9 ドイツ、ポーランド侵攻
	.11 創氏改名強制	＝第二次世界大戦勃発
1940	.1 津田左右吉事件	
	（津田左右吉辞職）	

入試ではこう出る

□1 第二次世界大戦勃発（ドイツのポーランド侵攻）時のわが国の総理大臣は誰か。次の①〜④の中から1つ選び、記号で答えよ。
　① 平沼騏一郎　　② 阿部信行
　③ 米内光政　　　④ 近衛文麿（第2次）
（オリジナル）

□1　②
※第二次世界大戦は1939年9月1日に勃発。阿部は1939年8月から翌年1月まで在任。

阿部信行内閣　145

米内光政内閣

昭和⑬　1940.1～1940.7

米内光政（よないみつまさ）（1880～1948）

第37代首相。海軍大将。林・近衛・平沼内閣で海相を務める。山本五十六（やまもといそろく）らとともに、ドイツ・イタリアとの軍事同盟締結に反対した。昭和天皇の信頼もあり、良識派とされ首相に就任。辞任後も、小磯（こいそ）・鈴木（すずき）内閣の海相を務め、戦後も東久邇宮（ひがしくにのみや）・幣原内閣で海相に留任した。

……汪兆銘（おうちょうめい）、南京政府樹立
（1940.3）

首相：米内光政

米内光政内閣
（1940.1～1940.7）

陸相：畑俊六

146　昭和時代（戦前）

当時の世の中

米内光政は山本五十六らとともに、海軍においてドイツ・イタリアとの軍事同盟締結に反対し、良識派と目されていました。昭和天皇が強く推したこともあり、阿部信行の後継として組閣しました。

中国では、**蔣介石**と対立していた**汪兆銘**が新中華民国建設を宣言しました（＝**南京政府**、1940.3）。ですが、これは日本の傀儡政権でした。

ヨーロッパの戦争においてドイツがいわゆる**電撃作戦**を成功させたこともあり、陸軍だけではなく世論も**日独伊三国同盟**締結を待望する空気を強めていきました。また、**近衛文麿** →p.138 が主導した**新体制運動**も始まりました。

米内が陸軍の同盟締結要求を拒否したことにより、米内と陸軍との対立は決定的となりました。陸軍は**畑俊六**陸相を辞任させ、後継陸相を出さず、内閣を総辞職に追い込みました。

西暦年	事 項	
1940	.3 斎藤隆夫議員除名	.3 汪兆銘、南京政府樹立
	.6 近衛、新体制運動開始	.6 ドイツ、パリ陥落
	.7 社会大衆党解党	
	日本労働総同盟解散	

入試ではこう出る

□1 ＿＿＿は昭和天皇の信任を得て組閣したとされ、日独伊三国同盟締結に否定的立場をとったため、陸軍と対立した。陸軍は陸相を辞任させ、後継陸相を出さず、この内閣を総辞職に追い込んだ。空欄に入る人物を次のア〜エより1つ選べ。
ア．平沼騏一郎　イ．阿部信行
ウ．米内光政　　エ．近衛文麿

（オリジナル）

□1 **ウ**

※1936年に復活した軍部大臣現役武官制により畑俊六陸相が辞任し、米内内閣は崩壊した。

第2次近衛文麿内閣

昭和⑭ 1940.7～1941.7

近衛文麿 (1891～1945)

※詳細は第1次内閣→p.138を参照

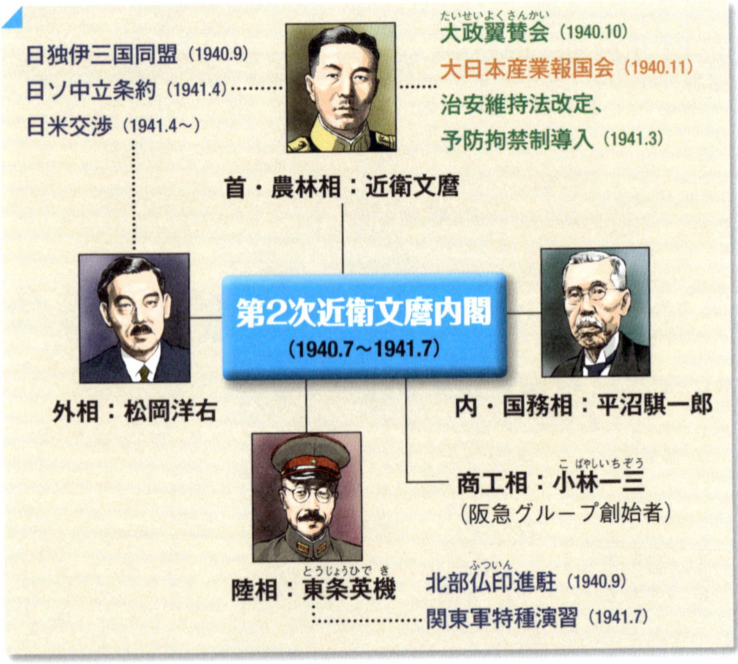

- 日独伊三国同盟（1940.9）
- 日ソ中立条約（1941.4）
- 日米交渉（1941.4～）

首・農林相：近衛文麿
- 大政翼賛会（1940.10）
- 大日本産業報国会（1940.11）
- 治安維持法改定、予防拘禁制導入（1941.3）

第2次近衛文麿内閣（1940.7～1941.7）

外相：松岡洋右

内・国務相：平沼騏一郎

商工相：小林一三（阪急グループ創始者）

陸相：東条英機
- 北部仏印進駐（1940.9）
- 関東軍特種演習（1941.7）

148　昭和時代（戦前）

当時の世の中

米内光政内閣崩壊後、各方面から期待された近衛文麿が再度組閣しました。内閣はアメリカの経済制裁に対抗するため、「**基本国策要綱**」を閣議決定、「**大東亜共栄圏**」構想を発表し、南進策を準備しました。

近衛は**新体制運動**を推進し、全政党を自主的に解散させ、議会政治の事実上の消滅を目指しました。10月には**大政翼賛会**→p.150を、11月には**大日本産業報国会**を発足させ、上意下達の国民組織を作り上げました。また、**治安維持法**→p.100**を改定**（第2次改定）し、刑執行後も拘禁継続を可能とし、思想取締りを強化する**予防拘禁制**を導入（1941.3）、統制策を強めました。この年の3月には**国民学校令**を定め戦時教育を推進しました。

外交では、外相に**松岡洋右**→p.150を起用しました。松岡は、第二次世界大戦における外交の重要な局面に大きく関与し、**北部仏印進駐**開始（1940.9.23）直後（仏印とは、現ベトナム、ラオス、カンボジアを指す）、懸案の**日独伊三国同盟**→p.150を締結しました（1940.9.27）。アメリカはこれに対し、航空用ガソリン、**鉄鋼・屑鉄の対日輸出禁止**に踏み切り、日米の対立は決定的なものとなりました。松岡はアメリカと対立関係にあったソ連と交渉、**日ソ中立条約**→p.150締結に成功（1941.4）、その後、内閣は日米交渉を開始しました。

しかし、**独ソ戦**が勃発（1941.6）した後、松岡は対米強硬路線に転じ、日米交渉推進を目指す近衛は、松岡を排除するため、内閣総辞職に踏み切りました→p.162。

Point 第2次近衛文麿内閣

- ☑ 治安維持法改定 ⇨ 予防拘禁制導入（1941.3）
- ☑ 外相松岡洋右 ⇨ 日独伊三国同盟（1940.9）
  　　　　　　　　　日ソ中立条約（1941.1）

関連人物・事件

大政翼賛会

1940年10月に成立した結社。近衛文麿は、ドイツのナチスを意識し、新体制運動のもと、一国一党組織を構想、**既成政党が自主的に解散・合流**した大政翼賛会を組織した。総裁は首相が務め、初代は近衛。議会は存在するが**議会政治は事実上消滅**し、**ファシズム体制が確立**することになった →p.152。これ以後の軍部の方針を追認した体制を**翼賛体制**という。

松岡洋右 (1880～1946)

外交官、満鉄副総裁を経て政治家となる（立憲政友会）。満州事変後の国連総会に首席全権として参加し**国際連盟脱退**を通告 →p.128、また、第2次近衛内閣の外相として**日独伊三国同盟**締結、**日ソ中立条約**締結をすすめた。敗戦後、極東国際軍事裁判の公判中に病死した。

日独伊三国同盟

1940年9月27日に締結された軍事同盟。日本には、日中戦争長期化にともない関係が悪化したアメリカに対する牽制と資源確保のための**南進策**を開始する思惑が、ドイツにはヨーロッパにおける戦争にアメリカが介入することを阻止する思惑があった。条文では、アメリカを仮想敵国とした。日本は締結4日前に**北部仏印進駐**を開始し、これに対し、アメリカは航空用ガソリン、**鉄鋼・屑鉄**の対日輸出禁止に踏み切り、対立は決定的なものとなった。

日ソ中立条約

日本とソ連の間で締結された中立条約（1941.4.13調印）。相互不可侵、一方が第三国の軍事行動の対象になった場合の他方の中立などを定めた。対米関係悪化を背景に外相**松岡洋右**は**日独伊三国同盟**（1940.9）に続き、中立条約調印によりソ連と組み、四国連合を形成してアメリカに対抗することを企図した。

西暦年	事　項	
1940	.9 北部仏印進駐 　　 日独伊三国同盟締結 .10 大政翼賛会発足 .11 大日本産業報国会発足	.9 アメリカ、鉄鋼・屑鉄対日輸出禁止
1941	.3 治安維持法改定、 　　 予防拘禁制導入 　　 国民学校令 .4 日ソ中立条約 　　 日米交渉 .7 関東軍特種演習	.6 独ソ戦開始

入試ではこう出る

□1 **大政翼賛会**成立時の内閣総理大臣の氏名を漢字で記せ。
　　　　　　　　　　　　　　　　　　　　（早稲田大／教育）

□2 米内光政内閣は、近衛文麿が推進した新体制運動に期待した陸軍によって、総辞職に追い込まれる。この新体制運動の結果、結成された労働団体を、次の1〜4の中から1つ選べ。
　1．大日本産業報国会
　2．協調会
　3．全日本労働総同盟
　4．統制会
　　　　　　　　　　　　　　　　　　　　（同志社大）

□1　近衛文麿

□2　1
　※全日本労働総同盟は
　　1964年に組織された。

第2次近衛文麿内閣

歴史の流れがわかる図解まとめ

ファシズム体制

■体制形成期（1930～36）

1930 　浜口雄幸首相狙撃事件　テロ

1931 　三月事件　クーデタ未遂事件

　　　満州事変

　　　十月事件　クーデタ未遂事件

1932 　血盟団事件　テロ　→　[被害者] 井上準之助前蔵相
　　　　　　　　　　　　　　　　団琢磨三井合名会社理事長
　　　　　　　　　　　　　　[首謀者] 血盟団（代表井上日召）

　　　五・一五事件　テロ　→　[被害者] 犬養毅首相
　　　　　　　　　　　　　　[首謀者] 海軍青年将校

　　　政党政治の終焉（しゅうえん）

1933 　小林多喜二殺害事件、滝川事件

1935 　天皇機関説問題

1936 　二・二六事件　クーデタ　→　[背景] 陸軍内部の抗争
　　　　　　　　　　　　　　　　　皇道派 ・即時軍部独裁政権樹立
　　　軍部が政治に積極的に介入　　　　　・青年将校ら中心
　　　　　　　　　　　　　　　　　　　　　荒木貞夫・真崎甚三郎（あらきさだお・まさきじんざぶろう）

■体制発展・確立期（1937～40）

　　　　　　　　　　　　　　　　　VS
　　　　　　　　　　　　　　　　統制派 ・漸次軍部独裁政権樹立
1937 　日中戦争　　　　　　　　　　　　・参謀本部幕僚（幹部）中心
　　　　　　　　　　　　　　　　　　　　永田鉄山・東条英機（とうじょうひでき）
　　　国民精神総動員運動
　　　　　　　　　　　　　　　　[契機] 相沢事件（あいざわ）
1938 　国家総動員法　・統制策の基本法　　　（相沢三郎中佐[皇道派]が
　　　　　　　　　　　　　　　　　　　　永田務局長[統制派]刺殺）
　　　議会政治の有名無実化
　　　　　　　　　　　　　　　　[展開] 皇道派青年将校蜂起
1939 　第二次世界大戦　　　　　　　　　　→首相官邸・警視庁襲撃
　　　　　　　　　　　　　　　　　　　　高橋是清（蔵相）、
1940 　大政翼賛会　←新体制運動　　　　　　斎藤実（内大臣・前首相）、
　　　　　　　　　　　　　　　　　　　　渡辺錠太郎（統制派、教育
　　　既成政党がすべて解散　　　　　　　　総監）
　　　　　　↓　　　　　　　　　　　　　　暗殺
　　　　体制完成　　　　　　　　　　　　皇道派を反乱軍として鎮圧
　　　　　　　　　　　　　　　　　　　　←戒厳令布告
　　　　　　　　　　　　　　　　[結果] 皇道派粛清
　　　　　　　　　　　　　　　　　　　⇒統制派が陸軍掌握

解　説

　世界恐慌の後、わが国では政党政治に対する不満が渦巻き始めました。イタリアからドイツ、スペインで広がりつつあった**ファシズム体制**が日本にも波及し始めました。

　ファシズム体制を筆者は「**反対意見を合法的に抹殺**」する体制と定義しています。わが国では、1930～36年を体制形成期、1937～40年を体制発展・確立期とします。攻撃対象は政党と財閥とされます。

　体制形成期はテロ、クーデタ（未遂を含む）などの諸事件、思想・学問統制の動きをおさえることが重要です。**浜口首相狙撃**（1930）→三月事件（1931）→十月事件（1931）→**血盟団事件**（1932.2～3）→**五・一五事件**（1932.5）→**二・二六事件**（1936）と続きます。**五・一五事件**による**政党政治終焉**、**二・二六事件**による**軍部の政治への積極介入**の開始もおさえておきましょう。また、この時期に**満州事変**（1931～33）があったことが、体制形成に大きく影響したことも忘れてはなりません。

　この時期は同時に、思想・学問統制の動きが強まります。よく知られている**滝川事件**（1933）や**天皇機関説問題**（1935）だけではなく、共産主義者・合法左翼の**転向**、**小林多喜二**殺害事件（1933）も確認しておきましょう。

　体制発展・確立期は**第1次・第2次近衛文麿内閣**→p.138・148の動向をおさえることが重要です。第1次近衛内閣で始まった**日中戦争**（1937～）を背景に、**国民精神総動員運動**が展開され、統制政策の基本法である**国家総動員法**（1938）が制定されました。これにより、**議会政治は有名無実化**しました。

　ドイツの**電撃作戦**（1939.9～）に影響を受け、わが国でも**ナチス**を意識した**新体制運動**が広まりました。そして第2次近衛内閣で**大政翼賛会**（1940）が成立し、**既成政党がすべて解散**します。これにより、事実上、明治初期の政党が存在しない体制に戻ることになりました。

歴史の流れがわかる図解まとめ
日中戦争

■背景

[日本の動向]　華北分離工作　←　国策の基準（1936）、広田弘毅内閣

　　　　　陸軍：北進、華北5省を勢力下におく
　　　　　　　　冀東防共自治政府（反共・親日政権）成立（1935）
　　　　　海軍：南進

[中国情勢]　**国共内戦**　国民党（蔣介石）vs.共産党（毛沢東）
　　　　　抗日救国運動高揚
　　　　　　西安事件（1936.12）
　　　　　　　・張学良が**蔣介石**監禁
　　　　　　　・内戦停止・共産党との提携要求
　　　　　　　・**周恩来**（共産党代表）との会談
　　　　　⇓
　　　　　抗日民族統一戦線成立（1937.9）（第二次国共合作）

■契機・展開

[第1次近衛文麿内閣]

　　盧溝橋事件（1937.7.7）　←　日中両軍の軍事衝突
　　↓
　　不拡大方針・華北派兵
　　→　上海で**第2次上海事変**（1937.8）
　　→　中国全域に戦火拡大
　　↓
　　南京（首都）攻略　国民政府は漢口→重慶に移動
　　↓
　　トラウトマン和平工作→不調
　　↓
　　第一次近衛声明（1938.1）
　　　「国民政府を対手とせず」
　　　＝和平交渉打ち切り、全面戦争突入
　　→　張鼓峰事件（1938.7～8）…満ソ国境で日ソ両軍衝突
　　↓
　　第二次近衛声明（1938.11）
　　　東亜新秩序建設提唱、日満華連帯主張
　　　＝**ワシントン体制打破**⇒米英と対立激化
　　↓
　　第三次近衛声明（1938.12）
　　　近衛三原則（善隣友好・共同防共・経済提携）発表

[平沼騏一郎内閣]　→　ノモンハン事件（1939.5～9）…満州・モンゴル国境で日ソ両軍衝突
[米内光政内閣]
　　汪兆銘政権成立（1940.3）
　　　南京政府、新国民政府樹立（日本の傀儡政権）
　　　→列国不承認、米・英・ソは蔣介石支援

154　昭和時代（戦前）

解　説

　満州事変の結果、事実上の国民党政府の妥協により満州国は黙認されることになりました。陸軍は、続いて**華北分離工作**により、北京周辺の華北5省を日本の勢力下におくことを画策しました。

　中国では、国民党と共産党が抗争を繰り広げていましたが、**西安事件**（1936.12）により停戦、**抗日民族統一戦線**が成立しました。

　1937年7月7日、北京郊外の**盧溝橋**で日中両軍が衝突し、**日中戦争**が始まりました。第1次近衛文麿内閣→p.138は、当初**不拡大方針**を表明していましたが、後に華北派兵を決定しました。日本軍は、首都**南京**を攻略（1937.12）しましたが、蔣介石は重慶に移動し、徹底抗戦を宣言します。

　トラウトマン和平工作が不調に終わったため、近衛文麿は1938.1に中国との全面戦争を表明しました（**第一次近衛声明**）。アメリカの政治動向（民主党政権に対する批判）を踏まえ、同年11月には戦争遂行を「**東亜新秩序建設**」とする声明を発しました（**第二次近衛声明**）。これは、**ワシントン体制打破**を意味し、イギリス・アメリカと対立が深まることになりました。

　イギリスは、ドイツの動向もあり中国への経済支援策にとどまるのみであったため、わが国はアメリカの動向を注視しました。

　アメリカは、日本に対して**日米通商航海条約廃棄**を通告（1939.7）し、**経済制裁**を示唆しました。その後、ドイツが**ポーランドに侵攻**し（1939.9.1）、**第二次世界大戦**が始まりました→p.162。

　1940年3月、日本は、中国で、蔣介石に監禁されていた親日派**汪兆銘**をかつぎ、新国民政府を樹立しました。これは明らかに日本の傀儡政権であり、列国は承認せず、対立は深まるばかりでした。

第3次近衛文麿内閣

昭和⑮　1941.7〜1941.10

近衛文麿（1891〜1945）

※詳細は第1次内閣→p.138を参照

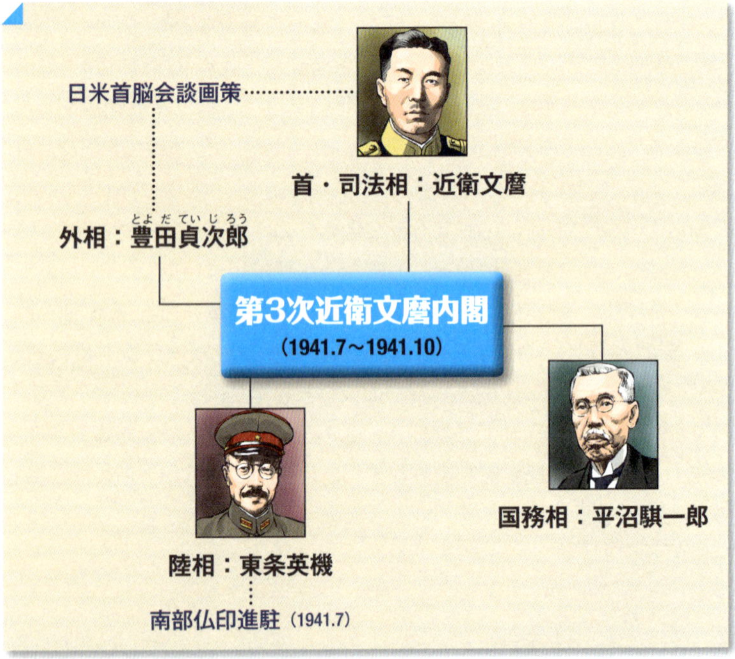

- 日米首脳会談画策
- 首・司法相：近衛文麿
- 外相：豊田貞次郎（とよだていじろう）

第3次近衛文麿内閣
（1941.7〜1941.10）

- 国務相：平沼騏一郎
- 陸相：東条英機
  - 南部仏印進駐（1941.7）

156　昭和時代（戦前）

当時の世の中

対米強硬派の松岡洋右を排除し、近衛文麿は第3次内閣を組織しました。しかし、対米関係は好転することはありませんでした。

南部仏印進駐（1941.7.28、決定は6月）により、アメリカは対抗措置として在米日本資産を凍結（1941.7.25）し、そして最後のカードともいえる**石油の対日輸出禁止**（1941.8.1）に踏み切り、日本は経済的にいっそう窮地に立たされることになりました→p.162。

日本は9月6日の御前会議で「**帝国国策遂行要領**」を決定し、対米交渉期限を10月上旬に設定、アメリカ・イギリス・オランダに対する開戦方針を定めました。

近衛は日米首脳会談開催を提案しましたが、アメリカが拒否しました。そのため、対中撤兵による交渉実現を画策しましたが、東条英機陸相がこれに反対し、対立した結果、総辞職にいたりました。

西暦年	事 項	
1941	.7 南部仏印進駐	.8 アメリカ、石油対日輸出禁止
		アメリカ・イギリス、
	.9「帝国国策遂行要領」決定	大西洋憲章発表

入試ではこう出る

□1 近衛内閣における日米交渉は昭和16年4月より10月までにわたって継続された。この期間内の出来事として、適切なものを1つ選び記号で答えよ。
　イ．帝国国策遂行要領の決定
　ロ．帝国国防方針の改定
　ハ．国家総動員法の制定
　ニ．大政翼賛会の結成
　ホ．国民精神総動員運動の開始
　　　　　　　　　　　　（早稲田大）

□1　イ

第3次近衛文麿内閣

東条英機内閣

昭和⑯　1941.10～1944.7

東条英機（とうじょうひでき）（1884～1948）

現役軍人のまま第40代首相就任。統制派の実力者として陸軍を主導。第2・3次近衛内閣の陸相を歴任。首相に就任した後、英米に宣戦した（1941.12.8、**太平洋戦争**・**大東亜戦争**）。**サイパン島**陥落により総辞職。戦後、A級戦犯として絞首刑（こうしゅけい）。

- ミッドウェー海戦敗北（1942.6）
- ガダルカナル島撤退（1943.2）
- アッツ島玉砕（ぎょくさい）（1943.5）
- サイパン島陥落（1944.7）

- 翼賛政治体制協議会（1942.2）
- 大日本言論報国会（1942.12）
- 朝鮮に徴兵制（1943.3）
- 学徒出陣（1943.12）
- 学童疎開決定（がくどうそかい）（1944.6）

首・外・内・陸・文・軍需相：東条英機

東条英機内閣（1941.10～1944.7）

外相
東郷茂徳（とうごうしげのり）
↓
東条英機（兼任）
↓
重光葵（しげみつまもる）

- ハル＝ノート（1941.11）
- 対英米宣戦（たいとうあ）（1941.12）
- 大東亜会議（1943.11）

商工・国務相：岸信介（きしのぶすけ）

- 大日本婦人会発足（1942.2）
- 食糧管理法制定（1942.2）

昭和時代（戦前）

当時の世の中

　第2・3次近衛文麿内閣の陸相東条英機は、強硬な主戦論を唱え、近衛を退陣に追い込みました。

　彼は永田鉄山が暗殺された後、**統制派**の実力者として陸軍を主導していました。内大臣**木戸幸一**→p.160は陸軍強硬派を抑える意図から、東条を首相に推しました。組閣にあたって東条は内務大臣・陸軍大臣を兼務、軍においても参謀総長兼任、陸軍大将昇進を果たし、権力の集中をはかりました。

　就任直後、**ハル＝ノート**（1941.11.26）→p.160により、事実上日米交渉は決裂したため、英米に宣戦布告しました（1941.12.8、**太平洋戦争・大東亜戦争**）。東条は、在任期間中に外務大臣・文部大臣・軍需大臣なども兼任しました。

　外交的には**大東亜会議**→p.160を主催（1943.11）し、アジア諸国の団結を誇示しました。ですが、戦局は悪化の一途をたどり、**ミッドウェー海戦敗北**（1942.6）、ガダルカナル島撤退（1943.2）、アッツ島玉砕（1943.5）、そして絶対国防圏とした**サイパン島陥落**（1944.7）により、東条内閣は総辞職しました。

　国内では、戦時体制がいっそう進み、**翼賛政治体制協議会・大日本婦人会**（1942.2）、**大日本言論報国会**（1942.12）が発足し、**食糧管理法**（1942.2）→p.160も施行されました。また、朝鮮には徴兵制が施行（1943.3）されました。**学徒出陣**（1943.12）・**学童疎開**も決定（1944.6）され、学生・児童が戦時体制に組み込まれていきました。

Point 東条英機内閣

- ハル＝ノート（1941.11） ⇨ 日米交渉決裂
  ⇨ 英米に宣戦（1941.12）
- 戦時体制 ⇨ 食糧管理法、学徒出陣、学童疎開など

関連人物・事件

木戸幸一（1889～1977）

侯爵。大伯父は**木戸孝允**。夫人は陸軍大将児玉源太郎の娘。**最後の内大臣**。学友である近衛文麿のすすめにより内大臣府に入る。第1次近衛内閣で文相・初代厚生相就任、平沼内閣で内相となる。**内大臣**就任後、昭和天皇の側近として宮中政治に関与。西園寺公望没後（1940.11）、木戸が首班指名の最重要人物となる。第3次近衛内閣崩壊後、**東条英機**を首相に推したのは木戸とされている。東条を首相に就任させることで、陸軍強硬派を抑え込む意図があったとされる（諸説あり）。戦争末期にはいわゆる「聖断」工作を推進し、戦争終結に動いた。だが、東条の首相就任に関与したとして、東京裁判で逮捕起訴されることになった。

ハル＝ノート

日米交渉において、アメリカから日本に提示された（1941.11.26）文書を指す。名称は交渉担当者である米国務長官**ハル**の名前に由来する。アメリカ側は日本側の最終打開案を拒否し、それまでの交渉にはない満州からの撤退を要求するなど、日本が受け入れ難い内容であったため、日本は事実上の最後通牒と解釈し開戦に踏み切った。

大東亜会議

1943年11月に東京でおこなわれた会議。日本の影響下にあったアジア諸国の国政最高責任者を招請、開催された。**大東亜共同宣言**を採択。参加国は**ビルマ、満州国、中華民国**（**汪兆銘**政権）、**日本、タイ、フィリピン、インド**（仮政府）であった。史上初の有色人種のみの首脳会談であるが、傀儡国家を参加させアメリカ・イギリスによる**大西洋憲章**に対抗することを意識した茶番との批判もある。

食糧管理法

統制経済策の一環として、米を主とした食糧の需給と価格の安定を目指し、流通統制を実施。米の地域・階層による偏りを防止し、国民が平等に入手できることを目的とした。終戦後の混乱期を経て、高度経済成長期には消費量減少にともなう「逆ザヤ」問題、ヤミ米流通問題、米市場開放問題などがあり、1995年に廃止された。

西暦年	事　項	
1941	.11 ハル=ノート	
	.12 対英米宣戦	
1942	. 2 翼賛政治体制協議会	
	大日本婦人会発足	
	食糧管理法制定	
	. 6 ミッドウェー海戦敗北	
	.12 大日本言論報国会	
1943	. 2 ガダルカナル島撤退	
	. 3 朝鮮に徴兵制	
	. 5 アッツ島玉砕	. 9 イタリア降伏
	.11 大東亜会議	.11 カイロ会談
	.12 学徒出陣	
1944	. 6 学童疎開決定	
	. 7 サイパン島陥落	

入試ではこう出る

□1　次の人物は誰か答えよ。
　　彼は1884（明治17）年、東京に生まれた。陸軍士官学校、陸軍大学校を卒業し、1937（昭和12）年に関東軍参謀長となり、日中全面戦争開始に際しては、事変拡大論を主張した。1940年に陸相として入閣した彼は、国内の総力戦体制の強化を主張し、仏印進駐や南方作戦準備を推進した。翌年には、首相、陸相、内相を兼任して内閣を組織し、対米英蘭開戦に突入、国内の弾圧強化、強力な戦時独裁体制を築き上げた。敗戦後、**戦犯容疑者**の1人として逮捕された彼は、いわゆる東京裁判で**絞首刑の判決**を受け、1948年12月に巣鴨拘置所において刑が執行された。

（同志社大）

□1　東条英機

東条英機内閣

日米戦争への道

歴史の流れがわかる図解まとめ

■日本の動向

- **盧溝橋事件**（1937.7）
  ↓
- **日中戦争**

- **東亜新秩序建設**（1938.11）
  ↑第二次近衛声明
  ↓
- **ワシントン体制打破** ← **日米通商航海条約廃棄通告**（1939.7）

  対日経済制裁

ドイツ、ポーランド侵攻（1939.9.1）
←イギリス・フランス宣戦 ⇒ **第二次世界大戦** →アメリカ、好景気到来（大戦景気）

- **北部仏印進駐**（1940.9） ← **鉄鋼・屑鉄の対日輸出禁止**（1940.9）
  - 南進策 → **大東亜共栄圏構想**
    1. 資源確保、2. **援蔣ルート**寸断

- **日独伊三国同盟締結**（1940.9）
  - 仮想敵国：アメリカ

- **日ソ中立条約**（1941.4）

- **日米交渉**（1941.4～11）

独ソ戦（1941.6～45.5）

- **関東軍特種演習**（1941.7）

- **南部仏印進駐**（1941.7） ← **石油の対日輸出禁止**（1941.8）

- **ハル＝ノート**（1941.11.26） ＝対日強硬

  対イギリス…マレー半島上陸
  対アメリカ…ハワイ真珠湾攻撃

- **対英米宣戦**（1941.12.8）

■アメリカの動向

F・ローズヴェルト政権
→ニューディール政策の失敗

昭和時代（戦前）

解説

　1930年代は、「世界恐慌」を機に国家間の思惑・軋轢が顕著となりました。ヨーロッパでは、ドイツとイギリス・フランスとの対立が激しくなり、日米関係は中国問題をめぐって悪化の一途をたどりました。

　1938年の第二次近衛声明での「東亜新秩序」建設はアメリカを刺激し、また、アメリカは日独間の軍事同盟締結の動きを警戒、経済制裁を示唆する「日米通商航海条約」廃棄が通告されました（1939.7）。第二次世界大戦勃発（1939.9）は両国の政策に大きな影響を与えました。アメリカはヨーロッパからの需要で好景気となり、世論は対日戦はおろかヨーロッパの戦争への介入も否定的でした。

　日本は、アメリカの経済制裁への対抗および「援蔣ルート」寸断による日中戦争早期終結を目指しました。そのため、電撃作戦を成功させたドイツ、そしてイタリアとの軍事同盟構築による南進策（東南アジア地域への侵攻）を進めます。日独伊三国同盟成立（1940.9）に合わせ、日本は北部仏印進駐をおこない、フランスとの共同統治を実現します。日本は、「大東亜共栄圏」構想を掲げ、南進策を推進しました。

　同盟は仮想敵国をアメリカとしており、アメリカは鉄鋼・屑鉄の対日輸出禁止を決定しました（1940.9）。翌年、アメリカと対立関係にあったソ連と結んだ日ソ中立条約（1941.4）はアメリカへの圧力となり、そのため、戦争回避を模索する日米交渉が開始されました。

　ですが、同年6月の独ソ戦開始により、交渉の中心人物であった外相**松岡洋右**→p.150は、対米強硬路線に転じました。近衛首相は、松岡を排し対米戦回避を模索しましたが、陸軍による関東軍特種演習、南部仏印進駐（1941.7）がおこなわれました。これに対し、アメリカは石油の対日輸出禁止（1941.8）により経済制裁を一層強めました。

　陸軍の強硬論により近衛は退陣し、現役軍人東条英機が首相となりました→p.158。東条は日米交渉を継続するもアメリカ提案の「ハル＝ノート」（1941.11）を拒否し、対英米戦争に踏み切りました（1941.12.8）。

日米戦争への道

小磯国昭内閣

昭和⑰　1944.7～1945.4

小磯国昭（こいそくにあき）（1880～1950）

第41代首相。陸軍大将。陸軍出身でありながら戦況の認識には疎く、戦局は悪化の一途をたどった。アメリカ軍が沖縄本島に上陸した（1945.4）後、総辞職。

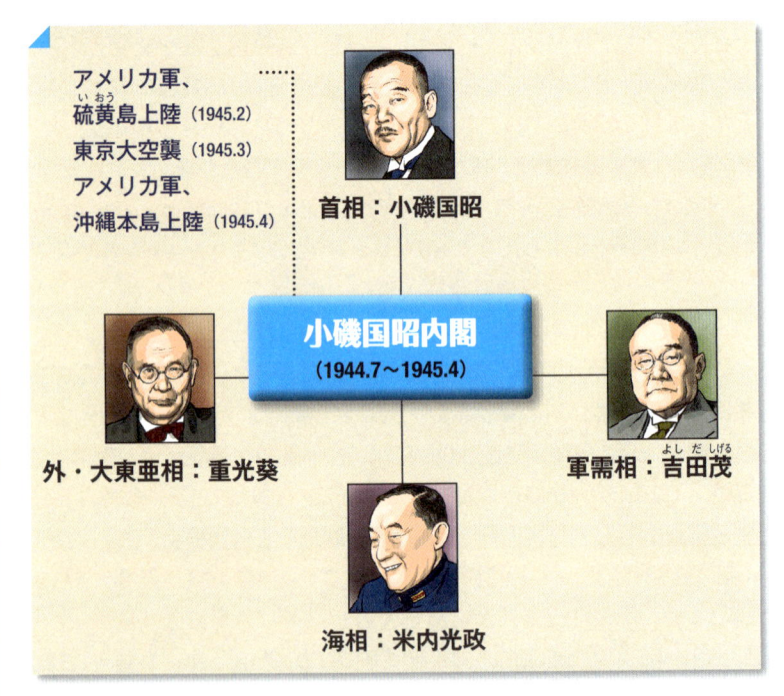

アメリカ軍、硫黄島上陸（1945.2）
東京大空襲（1945.3）
アメリカ軍、沖縄本島上陸（1945.4）

首相：小磯国昭

小磯国昭内閣
（1944.7～1945.4）

外・大東亜相：重光葵

軍需相：吉田茂

海相：米内光政

昭和時代（戦前）

当時の世の中

東条英機内閣退陣後、小磯国昭が組閣しました。しかし、「日本はこんなに負けているのか」と発言するなど、陸軍大将でありながら状況認識はできていませんでした。また、元首相で海相の**米内光政** →p.146 が補佐したことから、事実上の「小磯・米内連立内閣」でした。

レイテ沖海戦（1944.10）では大敗、海軍の神風特別攻撃隊（**神風特攻隊**）による攻撃も始まりましたが、戦局は悪化の一途をたどりました。アメリカ軍の**硫黄島上陸**（1945.2）後は、**東京大空襲**（1945.3）をはじめとする**本土爆撃**が本格化しました。

国内では、未婚女性・女学生を軍需工場などに動員する**女子挺身隊**が組織されました。

また、中国との和平工作も画策しましたが、失敗に終わり、アメリカ軍の**沖縄本島上陸**（1945.4）後、総辞職しました。

西暦年	事　項	
1944	.10 レイテ沖海戦	
1945	.2 アメリカ軍、硫黄島上陸	.2 ヤルタ会談
	.3 東京大空襲	
	（→名古屋→大阪→神戸）	
	.4 アメリカ軍、沖縄本島上陸	

入試ではこう出る

□1　アメリカ軍が沖縄本島に上陸した時の首相を、次の1〜4の中から1つ選べ。
1. 近衛文麿（第2次）　2. 近衛文麿（第3次）
3. 東条英機　4. 小磯国昭
（オリジナル）

□1　**4**

※小磯はサイパン島陥落（1944.7）による東条退陣後に組閣。米軍の沖縄本島上陸（1945.4）直後に退陣。

小磯国昭内閣

鈴木貫太郎内閣

昭和⑱ 1945.4～1945.8

鈴木貫太郎（すずきかんたろう）(1867～1948)

第42代首相。終戦時の首相。海軍大将。侍従長時代に**二・二六事件**（1936）で重傷を負った。元侍従長として昭和天皇の厚い信頼を受け、昭和天皇の強い意向により首相に就任。終戦工作に奔走する。**ポツダム宣言**受諾を御前会議で決定し、終戦と同時に総辞職。

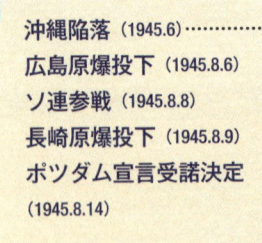

- 沖縄陥落（1945.6）
- 広島原爆投下（1945.8.6）
- ソ連参戦（1945.8.8）
- 長崎原爆投下（1945.8.9）
- ポツダム宣言受諾決定（1945.8.14）

首相：鈴木貫太郎

鈴木貫太郎内閣
（1945.4～1945.8）

外・大東亜相：東郷茂徳

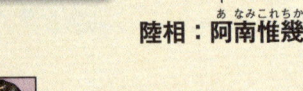

陸相：阿南惟幾（あなみこれちか）

海相：米内光政

166　昭和時代（戦前）

当時の世の中

小磯国昭内閣の総辞職を受け、枢密院議長の**鈴木貫太郎**が組閣しました。彼が組閣した1945年4月、ヒトラーは自殺し、翌5月にドイツは無条件降伏しました。本土空襲は激化し、沖縄の陥落（1945.6）によって日本の敗戦はほぼ決定的でした。

日本は**日ソ中立条約** →p.150によって中立国と考えていたソ連による和平工作を模索していました。しかし、ソ連はすでに**カイロ会談・ヤルタ会談**で連合国側にいました。

アメリカ・イギリス・中国から発表（1945.7.26）された**ポツダム宣言**受諾を躊躇したため、広島・長崎への**原子爆弾投下**（1945.8.6、8.9）、日ソ中立条約を反故にした**ソ連参戦通告**（1945.8.8）などが起こります。この状況のなか、**御前会議**でポツダム宣言受諾を決定（1945.8.14）し、内閣は終戦と同時に総辞職しました。

西暦年	事　項	
1945	.6 沖縄陥落	.5 ドイツ、無条件降伏
	.8 広島原爆投下	.7 ポツダム会談（米英ソ）
	ソ連参戦	
	長崎原爆投下	
	ポツダム宣言受諾	

入試ではこう出る

☐1　アメリカ軍の沖縄本島上陸直後に組閣した内閣の首相名を答えよ。
（関西学院大〈改〉）

☐1　鈴木貫太郎

☐2　**ポツダム宣言**受諾時の首相は誰か。
（早稲田大／人間科学）

☐2　鈴木貫太郎

東久邇宮稔彦内閣

昭和⑲ 1945.8～1945.10

東久邇宮稔彦（ひがしくにのみやなるひこ）（1887～1990）

第43代首相。**唯一の皇族出身の首相**。また、戦後初の首相。**降伏文書の調印**など、敗戦処理全般を主たる任務としてこなしたが、GHQと対立し、歴代内閣在任最短期間の54日で総辞職した。

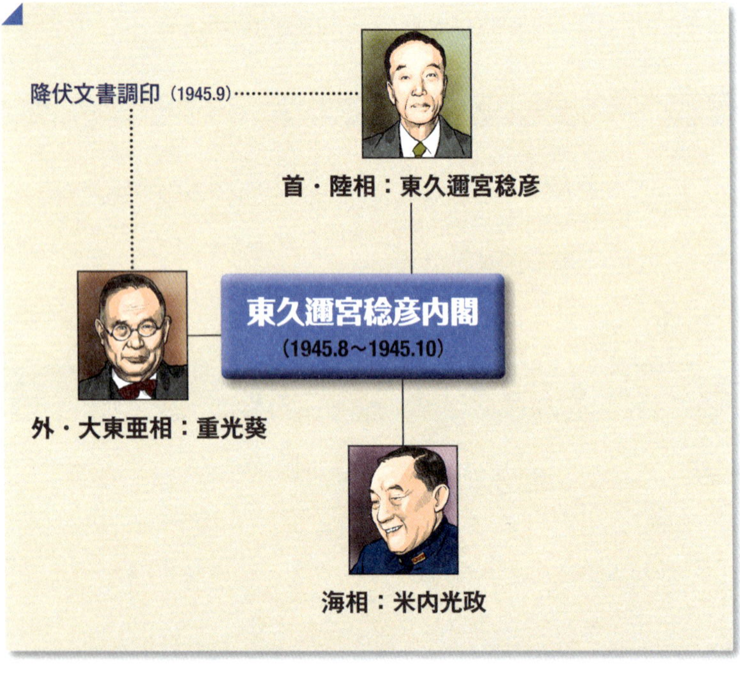

降伏文書調印（1945.9）

首・陸相：東久邇宮稔彦

東久邇宮稔彦内閣
（1945.8～1945.10）

外・大東亜相：重光葵

海相：米内光政

168　昭和時代（戦後）

当時の世の中

ポツダム宣言受諾後、**唯一の皇族出身の首相**として、東久邇宮稔彦が組閣しました。また、彼は現役の陸軍大将として、陸相も兼務していました。

彼は「**一億総懺悔**(いちおくそうざんげ)」を唱え、**降伏文書の調印**（1945.9.2）や、武装解除・軍部解体、民主化など、敗戦処理全般を主たる任務としてこなしました。

しかし、治安維持法の強化や国体護持など保守的な政治姿勢をめぐってGHQと対立し、**歴代内閣在任最短期間**の54日で総辞職しました。

西暦年	事　項
1945	.9 降伏文書調印
	GHQ、戦争犯罪人逮捕指令
	GHQ、プレス＝コード
	.10 マッカーサー、
	憲法改正示唆

入試ではこう出る

□1　フランス留学経験がある[　　　]は、敗戦後に組閣し、「一億総懺悔」を唱え、軍部の不満を抑え、降伏文書調印、軍隊の復員・解体などの戦後処理にあたった。空欄に入る人物名を記せ。
（関西大）

□1　東久邇宮稔彦

幣原喜重郎内閣

昭和⑳ 1945.10～1946.5

幣原喜重郎（1872～1951）

第44代首相。「幣原外交」とも称された国際協調路線が評価され、東久邇宮内閣退陣後、首相に就任（1945.10.9）。**五大改革指令**に基づき、民主化政策を推進。旧憲法下で最後かつ戦後初の総選挙後、総辞職。元首相加藤高明の義弟であり、妻は岩崎弥太郎の四女。

五大改革指令（1945.10）
新選挙法による
衆議院議員選挙
（1946.4）

首・復員相：幣原喜重郎

幣原喜重郎内閣
（1945.10～1946.5）

外相：吉田茂

国務相：松本烝治
（憲法改正）

海相：米内光政　厚生相：芦田均

170　昭和時代（戦後）

当時の世の中

戦前に4回外相を務め、**協調外交策**→p.118を推進した幣原喜重郎が、GHQの意向を受けて首相に就任しました。幣原の国際協調路線は満州事変で崩壊し、戦前は政界引退に追い込まれていました。

彼は婦人参政権の付与、労働組合の結成奨励、教育制度の自由主義的改革、秘密警察の廃止、経済機構の民主化の5つの指令、いわゆる**五大改革指令**に基づき、民主化政策を推進しました。しかし、作成した新憲法草案は保守的な内容であったので、GHQに拒否されました。

旧憲法下最後、**婦人参政権**が認められた戦後初の総選挙（1946.4）で日本自由党が第1党となり、内閣は総辞職しましたが、続く第1次吉田茂内閣→p.172では幣原は国務大臣として入閣し、引き続き国政に関与しました。

西暦年	事項	
1945	.10 五大改革指令 .12 国家と神道の分離指令 　　衆議院議員選挙法改正 　　（婦人参政権） 　　労働組合法制定	.10 国際連合発足
1946	. 1 天皇、人間宣言 　　公職追放令 . 2 第1次農地改革 　　金融緊急措置令 . 4 新選挙法による衆議院議員選挙 . 5 極東国際軍事裁判開始	. 3「鉄のカーテン」演説 . 5 食糧メーデー

※入試ではこう出る…p.176

第1次吉田茂内閣

昭和㉑　1946.5〜1947.5

吉田茂（1878〜1967）

第45・48〜51代首相。貴族院議員。**日本自由党**総裁鳩山一郎の**公職追放**後、後任総裁となり首相就任。旧憲法下の最後の首相。日本国憲法公布にともなう総選挙（1947.4、同時に第1回参議院議員選挙）では、**日本社会党**に第1党の座を奪われ、翌月総辞職。孫は元首相麻生太郎。

首・外・農林・復員相：吉田茂
（日本自由党）

蔵相：石橋湛山

第1次吉田茂内閣
（1946.5〜1947.5）

国務相：幣原喜重郎

- 自作農創設特別措置法（1946.10）
- 日本国憲法公布（1946.11）
- 傾斜生産方式開始（1946.12）
- 二・一ゼネスト中止（1947.1）
- 日本国憲法施行（1947.5）

当時の世の中

　1946年4月、**戦後初の総選挙**で日本自由党が第1党となりました。なお、この選挙で**39名の婦人代議士**が誕生しました。しかし、日本自由党の総裁**鳩山一郎**→p.190の**公職追放**にともない、吉田茂が第1次内閣を組織しました（1946.5）。彼は、貴族院議員で、非衆議院議員としては最後の首相でした。

　この内閣は、戦後復興を優先させ、傾斜生産方式を決定しますが、財源が紙幣増発であったため、**インフレ激化**をまねき、**労働運動高揚**をもたらしました。

　また、中国情勢を背景に、アメリカの対日方針も変化し、日本の「反共拠点化」を意識し始めました。そのため、1947年のゼネスト（二・一ゼネスト）は、GHQによって中止となりました。

　同1947年4月、日本国憲法の公布にともなう総選挙（第23回、同時に第1回参議院議員選挙）では、与党日本自由党は日本社会党に第1党を奪われ、翌月、第1次吉田内閣は総辞職しました。

西暦年	事　項	
1946	.9 労働関係調整法公布	.6 中国、国共内戦
	.10 第2次農地改革 　　（自作農創設特別措置法）	.8 日本労働組合総同盟（社会党系）・全日本産業別労働組合会議（共産党系）組織
	.11 日本国憲法公布	.10 ニュルンベルク裁判終了
	.12 傾斜生産方式開始	
1947	.1 二・一ゼネスト中止	
	.3 教育基本法公布	
	.4 労働基準法公布 　　独占禁止法公布	
	.5 日本国憲法施行	

※入試ではこう出る…p.176

片山哲内閣

昭和㉒ 1947.5〜1948.3

片山哲（かたやまてつ）(1887〜1978)

第46代首相。1945年に結成された**日本社会党**の書記長に就任、翌年には委員長に選出される。1947年の総選挙で日本社会党が第1党となり、**民主党**・**国民協同党**と連立内閣を組織。党内対立により短期間で総辞職。

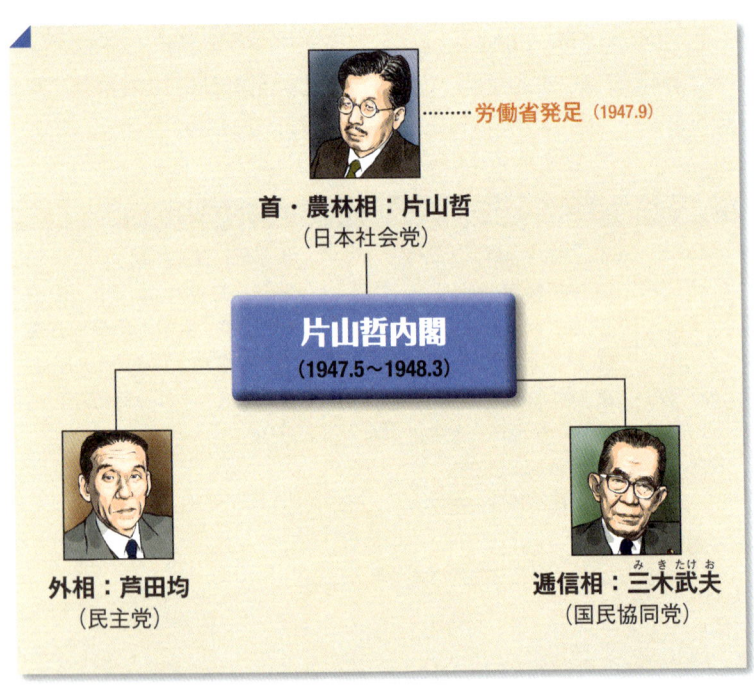

首・農林相：片山哲
（日本社会党）

……… 労働省発足（1947.9）

片山哲内閣
(1947.5〜1948.3)

外相：芦田均
（民主党）

逓信相：三木武夫（みきたけお）
（国民協同党）

当時の世の中

片山哲は、戦前の1926年、**社会民衆党**→p.104の結成に参加していました。1945年に**日本社会党**が結成されると書記長に就任、翌年、委員長に選出されました。労働運動の高揚を背景に1947年の総選挙（第23回）で日本社会党が143議席を獲得し第1党となると、片山が首相となりました。

しかし、**民主党**・**国民協同党**との連立内閣であったため、政権基盤は弱体でした。そして、党内左派との対立により、短期間で総辞職にいたりました。

短期政権でしたが、**労働省**（1947.9）を発足させるなど、一定の成果も見られました。

西暦年	事　項	
1947	.9 労働省発足 .12 改正民法 　　過度経済力集中排除法	.6 マーシャル・プラン発表
1948		.1「日本は反共の防壁」演説 （米陸軍長官ロイヤル）

※入試ではこう出る…p.177

入試ではこう出る

〈幣原喜重郎内閣〉

□1 GHQの最高司令官であったマッカーサー元帥は、東久邇宮稔彦内閣の総辞職を受けて首相に就任した ① に対し、婦人参政権の付与による婦人の解放や労働組合の結成奨励等からなる ② と憲法の改正とを示唆したといわれている。空欄①・②に入る人名・用語を答えよ。

(早稲田大／商)

□1 ① 幣原喜重郎
　　② 五大改革指令

□2 幣原喜重郎内閣の時の出来事として正しいものはどれか。次のa～dの中から1つ選び、記号で答えよ。
　a. 女性参政権を認めた新選挙法（衆議院議員選挙法改正）が公布された。
　b. 8時間労働制などの労働条件の最低基準を定めた労働基準法が公布された。
　c. マッカーサーに命じられて二・一ゼネストが中止された。
　d. 持株会社などを禁止する独占禁止法（私的独占の禁止及び公正取引の確保に関する法律）が施行された。

(立教大)

□2 a

〈第1次吉田茂内閣〉

□1 第1次吉田内閣に関して、この内閣の大蔵大臣の名前として正しいものを、次のA～Eの中から1つ選び、記号で答えよ。
　A. 片岡直温　　B. 渋沢敬三
　C. 小林一三　　D. 原　敬
　E. 石橋湛山

(明治大)

□1 E

昭和時代（戦後）

☐2 吉田茂は数次にわたって内閣を組織したが、第1次内閣（1946年5月～47年5月）の期間に起こった出来事として適切でないものを、次の1～4の中から1つ選べ。
1. 労働組合法の制定
2. 教育基本法の制定
3. 二・一ゼネスト計画
4. 自作農創設特別措置法の公布

(同志社大)

☐2　1
　※幣原喜重郎内閣の時、
　　1945年12月。

〈片山哲内閣〉

☐1 1947年5月に政権を引き継いだ連立内閣は、前政権の傾斜生産方式の政策を継続した。この内閣に関する説明として正しいものを、次のA～Eの中から1つ選び、記号で答えよ。
A. この内閣では、日本自由党の議員が内閣総理大臣となった。
B. 1947年4月の衆参両議院議員選挙で、日本社会党が衆議院第1党となった。
C. 1947年4月の衆参両議院議員選挙で、民主自由党が衆議院第1党となった。
D. この内閣は、国民協同党と自由民主党による連立政権であった。
E. この内閣の時期に、公害対策基本法が公布された。

(明治大)

☐1　B

☐2 1947年に内閣総理大臣となった[　　]は、戦前は社会民衆党の初代書記長を務め、戦後結成された日本社会党でも最初の書記長を務めた。しかし、社会党左派の造反により、最終的には、1948年2月に辞任表明を余儀なくされた。空欄に入る人名を答えよ。

(明治大〈改題〉)

☐2　片山哲

芦田均内閣

昭和㉓　1948.3～1948.10

芦田均（あしだひとし）(1887〜1959)

第47代首相。戦前、外務官僚から政界に転身。片山内閣崩壊後、首相に就任。**昭和電工事件**（**昭電事件**）により、短命内閣に終わり、芦田自身も逮捕された。

政令201号（1948.7）
……… 昭和電工事件で総辞職（1948.10）

首・外相：芦田均
（民主党）

芦田均内閣
（1948.3～1948.10）

文相：森戸辰男（もりとたつお）
（日本社会党）

178　昭和時代（戦後）

当時の世の中

戦後、**民主党**を結党した芦田均は、党総裁に就任し、片山哲内閣の外相を務めました。そして片山内閣の崩壊後に、連立を維持し首相に就任しました。

占領政策下、中小企業庁設置法、石炭庁設置法、国家行政組織法、建設省設置法など多くの重要法案を制定しました。また、労働運動を抑制する**政令201号**（1948.7）も出しました。

復興金融金庫からの融資をめぐって起こった**昭和電工事件**（**昭電事件**）では、政・財界だけではなく、GHQ職員からも多くの逮捕者が出ました。この事件により、芦田内閣は7カ月余りの短命内閣に終わり、同年12月には芦田自身も逮捕されました（10年後、無罪確定）。

西暦年	事 項	
1948	.3 新警察制度発足	.6 ソ連、ベルリン封鎖
	.7 政令201号	.8 大韓民国成立
	.10 昭和電工事件で総辞職	.9 朝鮮民主主義人民共和国成立

入試ではこう出る

□1 **昭和電工事件**で総辞職した内閣の総理大臣は誰か。
（早稲田大／法）

□2 1948年3月に成立した内閣は、連立政権による中道政治を目指したが、ある事件によって総辞職することとなった。この事件の通称として適切なものを、次のA～Eの中から1つ選び、記号で答えよ。
　A. ロッキード事件　B. 造船疑獄事件
　C. 昭和電工事件　D. グリコ・森永事件
　E. リクルート事件
（明治大）

□1 芦田均

□2 C

第2次吉田茂内閣

昭和㉔ 1948.10～1949.2

吉田茂 (1878～1967)

※詳細は第1次内閣→p.172を参照

----- 経済安定九原則 (1948.12)

首・外相：吉田茂
(民主自由党)

第2次吉田茂内閣
(1948.10～1949.2)

官房長官：佐藤栄作

当時の世の中

芦田均内閣が昭和電工事件により瓦解した後、**民主自由党**総裁の吉田茂が第2次内閣を組織しました。

親米派の吉田が再び首相に就任したことを好機ととらえたGHQは、**経済安定九原則**を発表し、**財政緊縮**による経済の安定を目指しました。経済安定九原則とは、傾斜生産方式にともなうインフレを抑制、日本経済の自立化をめざしたもので、均衡予算、徴税強化、賃金安定、信用拡張制限、物価統制などの9項目からなっていました。

芦田内閣→p.178の時期、国際情勢は、ヨーロッパではソ連によって**ベルリン封鎖**（1948.6）がおこなわれ、また、東アジアでは**大韓民国**（1948.8）、**朝鮮民主主義人民共和国**（1948.9）が成立する状況となっていました。こうして、第2次吉田内閣のこの時期、東西両陣営の対立が爆発寸前となっていました。

西暦年	事 項	
1948	.12 経済安定九原則発表	.11 極東国際軍事裁判終了

入試ではこう出る

□1　1948年10月に成立した第2次吉田内閣に対して、同年12月にGHQは経済安定九原則の実行を指示した。この9原則に合致しない経済政策を、次のA〜Eの中から1つ選び、記号で答えよ。
　A．総予算の均衡　　B．賃金の安定
　C．輸出の抑制　　　D．徴税の強化
　E．信用拡張（融資）の制限

（明治大）

□1　C

第3次吉田茂内閣

昭和㉕　1949.2〜1952.10

吉田茂（1878〜1967）

※詳細は第1次内閣 →p.172 を参照

朝鮮戦争勃発（1950.6）
↓
警察予備隊発足（1950.8）
サンフランシスコ平和条約（1951.9）
日米安全保障条約（1951.9）
保安隊発足（1952.10）

レッド＝パージ始まる（1950）
旧軍人の公職追放解除（1950.11）
血のメーデー事件（1952.5）
破壊活動防止法（1952.7）

首・外相：吉田茂
（民主自由党→自由党）

第3次吉田茂内閣
（1949.2〜1952.10）

蔵・通産相：池田勇人（いけだはやと）
（民主自由党→自由党）

ドッジ＝ライン（1949.3）

郵政・電気通信相：佐藤栄作
（民主自由党→自由党）

昭和時代（戦後）

当時の世の中

1949年1月の総選挙で、吉田茂率いる民主自由党が圧勝し、それまでの第1党日本社会党は議席を3分の1に激減させました。

第3次吉田内閣の最大の課題は、日本の独立回復＝講和条約の締結でした。吉田は**単独講和**（多数講和）を進めましたが、国民の間では**全面講和**論が多数を占めていました。

しかし、1950年6月に勃発した**朝鮮戦争**は国際情勢を急変させ、東西陣営の対立が激化しました。これにより、吉田は講和を加速させ、1951年9月、**サンフランシスコ平和条約**調印（条約発効は翌1952年4月28日）にこぎつけました。同日、**日米安全保障条約** →p.184 も調印され、米軍駐留が継続しました。

この内閣の時には、**警察予備隊**（1950）が組織され、再軍備化の先鞭となりました。そして、再軍備化、戦犯減刑、レッド＝パージ、公職追放解除などを指す「**逆コース**」（戦後の民主化・非軍事化に逆行するとされる政策の呼称）という言葉が流行しました。

また、**朝鮮戦争**による**特需景気** →p.230 は、わが国の経済復興を大きく進めました。経済政策としては、デトロイト銀行頭取J.ドッジが指示した経済安定九原則の具体的政策（**ドッジ＝ライン**）によって、緊縮財政策・単一為替レート設定（1ドル＝360円）が実施されました。

1951年8月、公職追放を解除され、政界復帰を果たした**鳩山一郎** →p.190 は事実上、吉田の政敵となり、与党内反主流派を形成しました。

Point 第3次吉田茂内閣

- ☑ 警察予備隊（1950） ⇨ 保安隊（1952）
    - ⇨ 後に自衛隊に（1954）
- ☑ 逆コース ⇨ 再軍備化、戦犯減刑、レッド＝パージ（1950）、公職追放解除

関連人物・事件

日米安全保障条約

サンフランシスコ平和条約締結時、日米間で調印。朝鮮戦争をふまえた国際情勢を背景に、連合国軍撤収後の米軍の駐留延長を認めた。1952年には、この条約に基づいて在日米軍の具体的な取り扱いを定めた**日米行政協定**が、さらには1954年、**日米相互援助防衛協定（MSA協定）**が調印、日本の防衛目的の再軍備が認められ、**自衛隊**発足へとつながった。

血のメーデー事件

1952年5月1日のメーデーにおいて、デモ隊の一部が暴徒化。皇居前広場に乱入、警官隊と衝突し、死傷者を出した。これを契機に同年7月、**破壊活動防止法**が制定され、**公安調査庁**が設置された。

西暦年	事　項	
1949	.3 ドッジ＝ライン	.4 北大西洋条約機構
	.7 国鉄第1次人員整理	（NATO）成立
	下山事件、三鷹事件	.5 ドイツ連邦共和国成立
	.8 松川事件	.10 中華人民共和国成立
	.9 シャウプ税制勧告案	ドイツ民主共和国成立
		.11 湯川秀樹、ノーベル物理学賞受賞
1950	.3 自由党結成	.2 中ソ友好同盟相互援助条約
	.7 レッド＝パージ始まる	.6 朝鮮戦争
	.8 警察予備隊発足	
	.11 旧軍人の公職追放解除	
	朝鮮特需（〜53）	
1951	.4 マッカーサー解任	
	→後任：リッジウェイ	
	.9 サンフランシスコ平和条約	.10 社会党分裂
	日米安全保障条約	

1952	.2 日米行政協定
	.5 血のメーデー事件
	.7 破壊活動防止法
	公安調査庁設置
	.8 IMF（国際通貨基金）加盟
	世界銀行加盟
	.10 保安隊発足（保安庁）

入試ではこう出る

□1　GHQ財政顧問として来日したデトロイト銀行頭取（ドッジ）の声明が発せられたのは何内閣か。
（立命館大）

□1　第3次吉田茂内閣

□2　次の文章の正誤を答えよ。
サンフランシスコ平和条約の発効によって日本が独立を回復すると、これに対して、吉田茂内閣に対する反発が強まり、日本民主党の鳩山一郎が内閣を組織した。
（関西学院大〈改題〉）

□2　誤

● [コラム] 華麗なる（？）一族　Part1 ●

昔（1970年代頃）の政治家は、歌舞伎役者同様、何らかの姻戚関係があります。吉田の父は、土佐の民権運動活動家竹内綱ですが、吉田は幼少の段階で吉田健三の養子となっています。養母は儒学者**佐藤一斎**の孫です。吉田の妻雪子は、父**牧野伸顕**、父方祖父**大久保利通**、母方祖父は**三島通庸**です。吉田の長女（桜子）は**松岡洋右**の甥と結婚します。三女（和子）は、元総理の**麻生太郎**、寛仁親王妃信子様の母です。何という家系……。

第3次吉田茂内閣

第4・5次吉田茂内閣

昭和㉖ 1952.10～1953.5 ／ 昭和㉗ 1953.5～1954.12

吉田茂（1878～1967）

※詳細は第1次内閣→p.172を参照

- 改正警察法施行（1954.6）
- 自衛隊発足・防衛庁設置（1954.7）

首相：吉田茂（自由党）

第4次吉田茂内閣（1952.10～1953.5）
第5次吉田茂内閣（1953.5～1954.12）

法相：犬養健（自由党）
- 造船疑獄事件（1954.1）
- →指揮権発動（1954.4）

建設相［4次］：佐藤栄作（自由党）

通産相［4次］：池田勇人（自由党）

昭和時代（戦後）

当時の世の中

　サンフランシスコ平和条約調印後、第3次吉田茂内閣は、吉田退陣の流れを吹き飛ばすように、いわゆる「抜き打ち解散」(1952.8)を断行しました。これは与党反主流派＝鳩山派に打撃を与えるためでした。しかし、自由党は過半数を維持するも、議席を20以上減らしました。

　議席減のため、第4次吉田内閣は苦しい議会運営を強いられました。予算委員会での吉田の「バカヤロー」のつぶやきが問題視され、懲罰動議が可決、そして鳩山派が離党し、同名の「自由党（以下、鳩山自由党）」を結成しました。続いて提出された内閣不信任案に鳩山自由党が賛成して可決されたため、吉田は解散に踏み切りました（**バカヤロー解散**）。

　総選挙の結果、自由党は過半数を維持できず、少数与党内閣となりました。1954年1月に発覚した「**造船疑獄事件**→p.188」、法相犬養健の**指揮権発動**（法務大臣が検察官を指揮する権限）により支持率は急落しました。同年12月の内閣不信任案提出に際し、内閣は総辞職すると同時に議会を解散し、長期政権に幕が引かれました。

　また、この時期は、**改正警察法**→p.188の施行（1954.6）、**自衛隊**→p.188の発足と**防衛庁**→p.188の設置（1954.7）もおこなわれ、現在にいたる治安・安全保障体制の根幹が整いました。

Point　第4・5次吉田茂内閣

- ☑ 造船疑獄事件　→　法相犬養健の指揮権発動　→　支持率急落
- ☑ 治安・安全保障体制　⇨　改正警察法施行、自衛隊発足、防衛庁設置

関連人物・事件

造船疑獄事件

戦後の計画造船利子軽減をめぐる汚職事件。1954年初頭の捜査で、国会議員4名を含む政財界、官僚から多数が逮捕された。検察庁は自由党幹事長**佐藤栄作**の逮捕を試みるも、**犬養健**法相の**指揮権発動**により中止に追い込まれた。このことによって吉田茂内閣は急速に支持を失った。

ビキニ水爆実験

アメリカによる、**ビキニ環礁**でおこなわれた**水爆実験**。1954年3月1日実施。日本のマグロ漁船・**第五福竜丸**（ふくりゅうまる）をはじめ数多くの漁船がいわゆる**死の灰**を浴び被曝（ひばく）した。この出来事は、日本で反核運動の契機になり、翌1955年には**第1回原水爆禁止世界大会**がおこなわれ、**原水爆禁止日本協議会**（原水協）が結成された。

改正警察法（新警察法）

GHQの命令によって戦前の警察組織は廃止され、**警察法**（旧警察法）が公布（1947）、**国家地方警察**と**自治体警察**が発足した。このもとでは、自治体の財政難および捜査権限・責任の不明確などの問題が起こった。独立回復後の警察制度改革を経て、1954年、**改正警察法**が公布・施行され、警察組織が都道府県警察へ一元化された。

自衛隊

朝鮮戦争勃発（1950）にともなう**警察予備隊**の組織後、**保安庁**発足（1952）に合わせての**保安隊**への改組、そして、**自衛隊法**施行（1954）により、**自衛隊**となった。その際、海上自衛隊（旧警備隊）、航空自衛隊が新設。同時に**防衛庁**（現、防衛省）も発足。憲法上は軍隊とはされないが国際的には軍隊とされている。

防衛庁

前身である**警察予備隊本部**（1950）、**保安庁**（1952）を経て、**防衛庁**となる（1954）。陸上・海上・航空自衛隊の管理・運営が任務。また、日米安保体制における米政府・米軍の日本国内における行動・任務に関する事務への関与も任務としている。2007年、防衛省に昇格。自衛隊最高指揮権は内閣総理大臣にある。

西暦年	事項	
1952		.11 米、初の水爆実験
1953		.2 NHKのテレビ放送開始
		.3 スターリン没
		.7 朝鮮休戦協定
	.12 奄美群島返還	
1954	.1 造船疑獄事件	
	.3 MSA（日米相互防衛援助）協定	.3 米、ビキニ水爆実験 →第五福竜丸被曝
	.4 犬養法相、指揮権発動	
	.6 改正警察法→中央集権化	.6 周恩来・ネルー、平和五原則共同声明
	.7 自衛隊発足、防衛庁設置	

入試ではこう出る

□1 第5次吉田内閣で発覚した汚職事件は次のうちのどれか。次の1～4の中から1つ選べ。この際、法相による指揮権が発動され、当時の自由党幹事長が逮捕を免れている。
 1. 昭和電工事件
 2. 造船疑獄事件
 3. ロッキード事件
 4. リクルート事件
（オリジナル）

□1 2
※1は芦田内閣の時期、3は三木内閣の時期、4は竹下内閣の時期に発覚。

□2 第4・5次吉田内閣の時代でない出来事を、次の1～4の中から1つ選べ。
 1. テレビ放送開始
 2. 防衛庁発足
 3. アメリカによるビキニ環礁水爆実験
 4. 国際連合加盟
（オリジナル）

□2 4
※国際連合加盟は1956年12月。第4・5次吉田内閣は1952年10月～1954年12月。

第1・2次鳩山一郎内閣

昭和㉘ 1954.12～1955.3 ／ 昭和㉙ 1955.3～1955.11

鳩山一郎（はとやまいちろう）（1883～1959）

第52～54代首相。東京帝国大学英法科卒。東京市会議員を経て、1915年から衆議院議員（立憲政友会所属）。1930年、**ロンドン海軍軍縮条約**批准問題では、**統帥権干犯**を主張。犬養・斎藤内閣で文相を務め、1933年、京都帝国大学教授**滝川幸辰**を休職処分にした（**滝川事件**）。

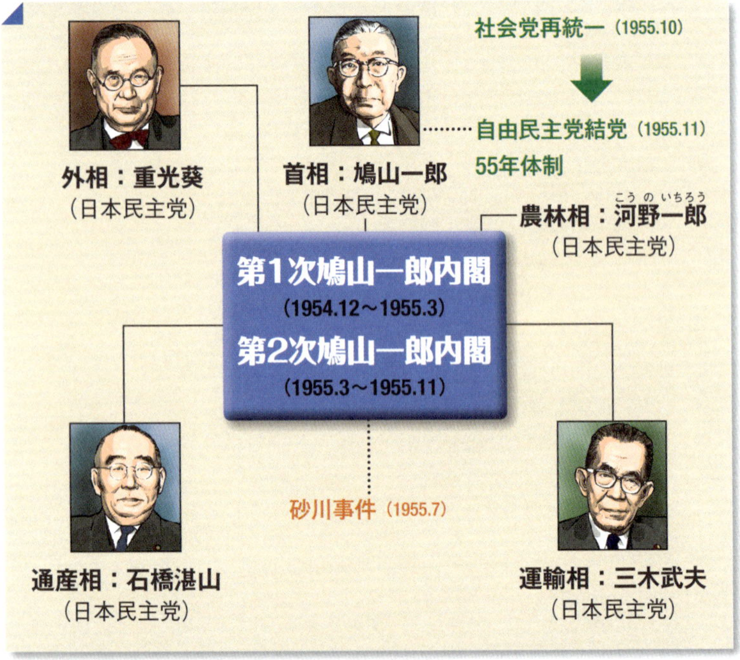

第1次鳩山一郎内閣（1954.12～1955.3）
第2次鳩山一郎内閣（1955.3～1955.11）

- 外相：重光葵（日本民主党）
- 首相：鳩山一郎（日本民主党）
- 農林相：河野一郎（こうのいちろう）（日本民主党）
- 通産相：石橋湛山（日本民主党）
- 運輸相：三木武夫（日本民主党）

社会党再統一（1955.10）
→ 自由民主党結党（1955.11）
55年体制

砂川事件（1955.7）

昭和時代（戦後）

当時の世の中

　公職追放解除後（1951）、政界に復帰した鳩山一郎は自由党に所属するものの、総裁の吉田茂と対立し、党内反主流派を形成しました。**造船疑獄事件**→p.188後は、反吉田派らを中心に改進党（総裁：重光葵）をも糾合（きゅうごう）し、**日本民主党**を結成しました（1954.11）。そして吉田退陣後に早期解散することを条件として左右社会党の支持を取り付け、第1次鳩山内閣を組織しました。

　この内閣は少数与党による選挙管理内閣で、左右社会党との約束どおり、組閣後45日で解散しました。総選挙後、民主党は過半数を獲得できませんでしたが、第1党となり、第2次鳩山内閣を発足させました。

　この総選挙では、左右社会党も議席数を伸ばし、鳩山の改憲→p.192・再軍備を推進する姿勢を牽制（けんせい）しました。そして、政権獲得を目指して**社会党は再統一**（1955.10）され、改憲阻止に必要な総議席の3分の1以上を獲得しました。

　社会党の台頭に危機感をもった保守勢力は、翌11月に自由党と日本民主党の保守合同を実現し、**自由民主党**を結党しました。こうして、いわゆる**55年体制**→p.192が始まりました（～1993）。

Point **第1・2次鳩山一郎内閣**

☑ 改憲・再軍備の推進　→　社会党統一
　→　保守合同、自由民主党結党（55年体制の開始）

関連人物・事件

砂川(すながわ)事件

1955～57年にかけて起こった米軍立川基地拡張に対する反対運動。1957年、デモ隊の一部が、米軍基地に立ち入ったとして起訴されるにいたる。後の安保闘争(あんぽとうそう)の先駆的事件とされる。

緒方竹虎(おがたたけとら)(1888～1956)

ジャーナリスト(朝日新聞社副社長・主筆)から、小磯内閣で入閣。戦後、A級戦犯に指名され、公職追放を受ける。追放解除後、衆議院議員に当選。吉田茂の側近として政治手腕を発揮。吉田引退後、自由党総裁となり、保守合同をすすめる。初代自由民主党総裁も期待されたが、急逝(きゅうせい)した(1956.1)。その後の総裁公選制で鳩山一郎が選出された。

55年体制

サンフランシスコ平和条約への方針の相違から、日本社会党は右派・左派に分裂(1951～)。しかし、鳩山内閣が掲げた改憲阻止のため、**社会党再統一**を実現(1955.10)。これに対し経済界からの要請で、**日本民主党**と**自由党**が合同し自由民主党が成立した。第1党が**自由民主党**、第2党が日本社会党となる体制を**55年体制**と称する。

憲法改正

日本国憲法第96条における改正手続は、①**国会の発議**(衆議院・参議院各議院の総議員の3分の2以上の賛成が必要)、②**国民の承認**(2010年、**国民投票法**施行)、③**天皇の公布**(国民投票による可決)となっている。**自由民主党**は、初代総裁**鳩山一郎**以来、改憲を主張しているが、改憲に要する3分の2以上の議席には達していない。

西暦年	事　項	
1954	.12 政府、憲法9条の統一解釈発表	
1955	. 1 中ソとの国交回復、改憲方針発表	. 4 アジア＝アフリカ会議
	. 6 日ソ交渉開始	. 5 ワルシャワ条約機構結成
		. 7 ジュネーヴ米英仏ソ巨頭会談
		砂川事件
	. 8 安保条約改定協議	. 8 第1回原水爆禁止世界大会（広島）
	.11 自由民主党結党	
	神武景気（～57）	.10 社会党再統一

入試ではこう出る

□1 **滝川事件**の際、各処分を京大に指令した文部大臣は誰か。
（立命館大）

□1 鳩山一郎

□2 1950年代前半に**憲法改正問題に意欲的**だった内閣総理大臣は誰か。
（同志社大）

□2 鳩山一郎

第1・2次鳩山一郎内閣

第3次鳩山一郎内閣

昭和㉚　1955.11～1956.12

鳩山一郎（1883～1959）

1940年の大政翼賛会成立後、東条内閣による戦時刑事特別法改正案に反対し**翼賛政治会**を脱会。戦後、**翼賛選挙非推薦議員**・旧立憲政友会を中心に**日本自由党**を結成するが、**公職追放**となり政界を追われた。追放解除後（1951）、自由党に所属したが、総裁の吉田と対立し、党内反主流派を形成。※第1・2次内閣→p.190参照

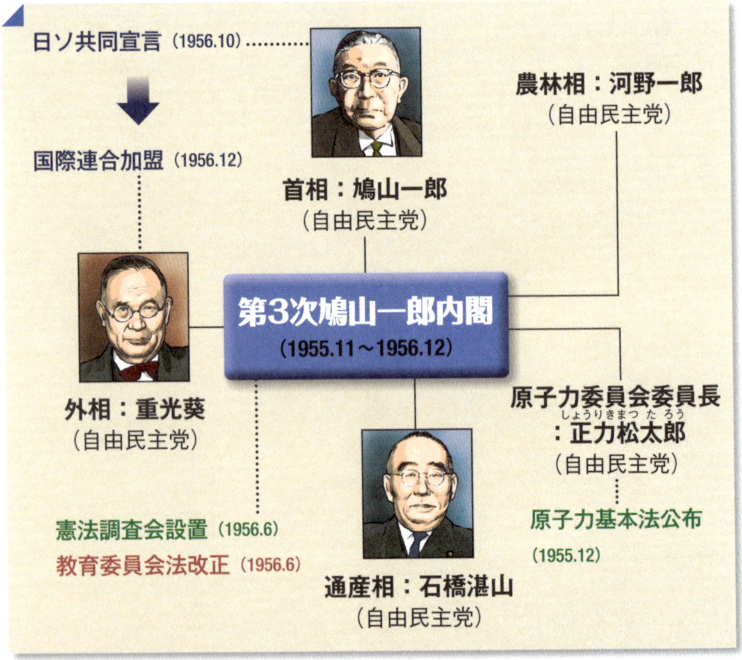

第3次鳩山一郎内閣（1955.11～1956.12）

- 日ソ共同宣言（1956.10）
  → 国際連合加盟（1956.12）
- 首相：鳩山一郎（自由民主党）
- 農林相：河野一郎（自由民主党）
- 外相：重光葵（自由民主党）
  - 憲法調査会設置（1956.6）
  - 教育委員会法改正（1956.6）
- 原子力委員会委員長：正力松太郎（自由民主党）
  - 原子力基本法公布（1955.12）
- 通産相：石橋湛山（自由民主党）

昭和時代（戦後）

当時の世の中

　保守合同の実現後、自由民主党は改憲に必要な3分の2の議席には達しませんでしたが、この内閣は**憲法調査会**を設置（1956.6）し、国防会議の開催を実現しました。また、**教育委員会法を改正**し、委員を公選制から各首長による任命制へと改めました（1956.6）。

　長年の懸案事項であった日ソ関係については、**日ソ漁業条約**を調印した（1956.5）後、鳩山一郎自らモスクワにおもむき、領土問題は先送りしたものの、**日ソ共同宣言**→p.196に調印（1956.10.19）し、国交回復を実現しました。そして、念願の**国際連合加盟**（全権：重光葵）を実現（1956.12.18）し、その2日後に退陣を表明しました。

　経済動向については、前年からの「**神武景気**」を受けて、『経済白書』（1956.7）で「**もはや戦後ではない**」と宣言されました。そしていわゆる**三種の神器**（電気冷蔵庫・電気洗濯機・白黒テレビ）が普及し始めました。

　また、この時期には、原子力の研究開発・利用推進を目的とする**原子力基本法**→p.196が公布され（1955.12）、翌年1月に**原子力委員会**が発足しました。

Point　第3次鳩山一郎内閣

- ☑ 国際連合加盟　⇨　1956年12月18日実現、全権：重光葵
- ☑ 三種の神器　⇨　電気冷蔵庫・電気洗濯機・白黒テレビ
- ☑ 原子力委員会　⇨　委員長：正力松太郎、委員：湯川秀樹

関連人物・事件

日ソ共同宣言

ソ連は、サンフランシスコ平和条約→p.183において会議には参加したが条約調印は拒否したため、日本とソ連の間では国交断絶状態が継続した。国際連合への加盟を目指す鳩山は国交回復を急いだ。そして、平和条約締結後の歯舞群島・色丹島返還を明記して、鳩山とソ連のブルガーニン首相により共同宣言が調印された（1956.10）。これによって、同1956年12月18日、念願であった日本の国際連合加盟が実現した。

原子力基本法

原子力の研究開発・利用促進を定める法律（1955.12公布）。翌1956年1月に発足した原子力委員会の初代委員長正力松太郎を中心に、原子力政策を推進し、原子力発電所建設の構想を発表。これに対し、同委員の湯川秀樹は、政府の政策を批判し辞任した。同1956年5月、正力は初代科学技術庁長官に就任した。

西暦年	事項	
1955	.7 経済企画庁発足	
	.12 原子力基本法公布	
1956	.1 原子力委員会設置	
	.4 鳩山、初代自民党総裁選出	
	.6 憲法調査会設置	.7「もはや戦後ではない」
	教育委員会法改正	（経済白書）
	.10 日ソ共同宣言	
	.12 国際連合加盟	

入試ではこう出る

☐1 日本の国際連合加盟は、それまで反対していたソ連と日本との国交を正常化した日ソ共同宣言が調印された結果実現した。この宣言の調印に臨んだ日本側の首席全権である、当時の内閣総理大臣の姓名を漢字で記せ。

(同志社大)

☐1 鳩山一郎

☐2 鳩山一郎内閣（第1～3次）がおこなわなかったものは次のア～オのうちのどれか。1つ選び、記号で答えよ。
ア．国連加盟
イ．国防会議の設置
ウ．原子力委員会の設置
エ．防衛庁・自衛隊の発足
オ．経済企画庁の発足

(早稲田大／政経)

☐2 エ
※第5次吉田茂内閣の時。

● ［コラム］華麗なる（？）一族　Part2 ●

政敵吉田茂に劣らず鳩山一郎も華麗なる（？）一族です。父和夫は東京市会議員、母春子は共立女子職業学校（現、**共立女子大学**）を創立。妻薫は共立女子大学学長。息子**威一郎**は、参議院議員、外相に就任。その妻（安子）はブリヂストン創業者の娘。その息子（一郎の孫）**由紀夫**は元総理、邦夫は元法相・総務相。また一郎の実弟秀夫の妻は**菊池大麓**の次女です（ちなみに菊池の長女は**美濃部達吉**夫人、五女は官僚川村秀文〈父は**台湾総督**川村竹治〉夫人）。

第3次鳩山一郎内閣

石橋湛山内閣

昭和㉛　1956.12〜1957.2

石橋湛山（いしばしたんざん）（1884〜1973）

第55代首相。早稲田大学卒業。戦前は**東洋経済新報社**で**小日本主義**を主張し、植民地政策を批判。戦後は第1次吉田内閣の蔵相として**傾斜生産方式**を推進。公職追放により、一時政界を離れる。自民党総裁選挙で、親米派岸信介（きしのぶすけ）を決戦投票で破り、第2代総裁・首相に就任。だが、脳梗塞（のうこうそく）により退陣した。

首相：石橋湛山
（自由民主党）

石橋湛山内閣
（1956.12〜1957.2）

外相：岸信介

198　昭和時代（戦後）

当時の世の中

懸案事項であった**国際連合**加盟を果たした（1956.12.18）後、1955年に結党された**自由民主党**の初の総裁選挙で第2代総裁となった石橋湛山が首相となりました。

石橋は、アメリカと距離をおく鳩山一郎の後継者と目され、ソ連に続いて中華人民共和国との国交成立を目指しましたが、病気およびアメリカの反発もあり、退陣しました（在任65日）。退陣後、政敵の岸信介が内閣をそのまま継承しましたが、アメリカとの協調路線に転換することになりました。

西暦年	事 項
1957	.1 南極に昭和基地建設開始

入試ではこう出る

□1　早稲田大学を卒業後、東京毎日新聞記者を経て、1911年に**東洋経済新報社**に入社する。自由主義的立場から**小日本主義**を提唱し、台頭する軍国主義的な流れを批判、軍部と対立することとなった。第二次世界大戦後、蔵相、通産相に就任した。1956（昭和31）年の自民党大会で総裁に選ばれ組閣するが、病気のため2カ月で辞職した。以後は日中、日ソの交流に尽力した。この人物は誰か。
(早稲田大／社会科学)

□1　石橋湛山

□2　鳩山一郎の後に、政権党は、日本政治史上初めて、各都道府県からの代議員を含む党大会での選挙で総裁を決めた。それは誰か。
(早稲田大／政経)

□2　石橋湛山

石橋湛山内閣

第1・2次岸信介内閣

昭和㉜　1957.2〜1958.6　／　昭和㉝　1958.6〜1960.7

岸信介 （1896〜1987）

第56・57代首相。戦前は農商務省官僚として満州経営に手腕を発揮。東条内閣の商工相として太平洋戦争中の物資動員を扱った。1942年の**翼賛選挙**で政治家に転身。戦後、**A級戦犯**として逮捕される。保守合同後、自由民主党の初代幹事長就任。退陣した石橋内閣を継承。元首相佐藤栄作は実弟、安倍晋三は孫。

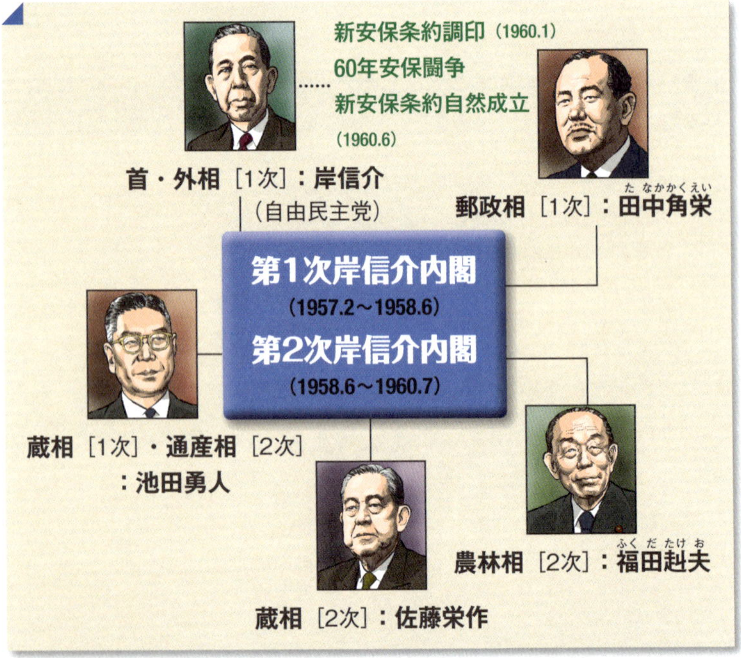

第1次岸信介内閣
（1957.2〜1958.6）

第2次岸信介内閣
（1958.6〜1960.7）

首・外相 [1次]：岸信介
（自由民主党）

- 新安保条約調印 （1960.1）
- 60年安保闘争
- 新安保条約自然成立 （1960.6）

郵政相 [1次]：田中角栄

蔵相 [1次]・通産相 [2次]：池田勇人

蔵相 [2次]：佐藤栄作

農林相 [2次]：福田赳夫

昭和時代（戦後）

当時の世の中

　石橋湛山内閣を継承し、岸信介が外相を兼任して組閣しました。戦後体制からの脱却とアメリカ追従をあらため、独立国家建設を目指しました。岸は「**昭和の妖怪**」とも呼ばれ、政界の黒幕のイメージがありますが、良くも悪くも戦後日本の方向性を決定づけた内閣です。

　彼が最大の政治課題としたのは日米安全保障条約→p.184の改定でした。組閣直後、現在の国防政策の指針となる「国防の基本方針」を定め、日米首脳会談をおこないました。そして安保改定に否定的であったアメリカを説得し、改定作業に着手しました。

　岸はアメリカで「**新安保条約**」→p.202を調印しました（1960.1）。しかし、準軍事同盟と考えられたこの条約の批准を阻止しようとする反対運動が高まりました（**60年安保闘争**）。

　同年5月、衆議院での可決後、10万人以上とされるデモ隊が国会を取り囲みますが、条約は同年6月**自然成立**しました。ただ、反対派の反発は激しさを増し、アメリカ大統領**アイゼンハワー**→p.202の来日は中止され、岸は退陣表明後に暴漢に襲撃され、負傷しました。

　また岸は**アジア外交を重視**し、戦後はじめて、首相がアジア各国を訪問しました（在任中13国）。これは平和条約締結や賠償協定など、戦後問題の処理と経済関係強化が目的でした。

　政治は、世論を2分するなど混迷を極めましたが、この時期には皇太子（今上天皇）の御成婚（1959.4）や、「**岩戸景気**」もありました。他に、現在の社会保障制度の根幹となる**新国民健康保険法**、**国民年金法**が施行（1959）され、国民生活の基盤がつくられました。

Point　第1・2次岸信介内閣

- ☑ 新安保条約の調印　→　60年安保闘争　→　自然成立
- ☑ 社会保障制度　⇨　新国民健康保険法、国民年金法施行

関連人物・事件

新安保条約（日米相互協力及び安全保障条約）

片務的な旧安保条約→p.184に代わり、岸と**アイゼンハワー**大統領との間で調印（署名）され（1960.1.19）、議会での自然成立により発効した（6.23、日本では条約の発効に議会の承認が必要）。共産主義台頭を警戒し、日米が極東の安定と平和に協力することを規定した。具体的には、日米双方が国交を成立させていなかった中華人民共和国を仮想敵国とした準軍事同盟といえる。同時に日米地位協定も締結され、細則が定められた。

アイゼンハワー（1890～1969）

第34代アメリカ大統領。第二次世界大戦中はヨーロッパにおける連合国軍最高司令官。共和党から立候補し、1953年1月に大統領就任。反共主義の**ニクソン副大統領・ダレス国務長官**を抑え、東西冷戦における平和共存を模索した。朝鮮戦争を終了させ、ニクソンを東アジアおよびオーストラリア、ニュージーランドに派遣し積極外交を推進した。新安保条約成立後、アメリカ大統領の初の来日が予定されていたが、反対運動激化のため中止となった。

警察官職務執行法改正の断念

警察官職務執行法は、警察法に基づき、警察官が警察の責務を達成するための手段を規定したもの。**岸信介**内閣は、**安保条約**改定を予定しており、事前に反対運動を抑え込むため同法改正によって警察官の権限を大幅に拡大することを目指した（1958.10）。これに対し、広範な反対運動が起き、国会審議も停止したため政府は改正を断念した。

昭和時代（戦後）

西暦年	事 項	
1957	.6 岸の訪米、アイゼンハワー大統領と会談	.3 欧州経済共同市場（EEC）設立条約調印
	.10 国連安保理非常任理事国当選	.10 ソ連、人工衛星スプートニク打ち上げ成功
1958	.4 教員勤務評定実施 →勤評反対闘争 岩戸景気（～61）	
1959	.4 最低賃金法・新国民健康保険法・国民年金法公布	.4 皇太子（現、今上天皇）結婚パレード
		.12 三井三池炭鉱争議始まる
1960	.1 新安保条約・地位協定調印 民主社会党結成	
	.6 新安保条約自然成立	

入試ではこう出る

□1 敗戦直後に**A級戦犯容疑者**として逮捕されるが、後に釈放された。1957年2月に首相に就任し、**日米安全保障条約の改定**などの問題に広範な反対運動を排して取り組み、実現させた。この人物は誰か。
(同志社大)

□1 岸信介

□2 国連中心主義、アジア外交の重視、対米外交の見直しを外交方針にした首相が、実現したものは何か。次のア～オから1つ選び、記号で答えよ。
ア．日米相互防衛援助協定
イ．日韓基本条約
ウ．OECD加盟
エ．沖縄返還協定
オ．インドネシアとの平和条約・賠償協定
(早稲田大／政経)

□2 オ

第1〜3次池田勇人内閣

昭和㉞1960.7〜1960.12／昭和㉟1960.12〜1963.12／昭和㊱1963.12〜1964.11

池田勇人（いけだはやと）（1899〜1965）

58〜60代首相。大蔵官僚から政治家に転身。**吉田学校**出身者として、連合国との講和、冷戦下の日米関係を構築。第3次吉田内閣で蔵相に就任、**ドッジ＝ライン**を実施。安保問題で岸退陣後、「**所得倍増**」をスローガンに掲げ組閣。徹底した「低姿勢」と「**寛容と忍耐**」を全面に、国民との対話を重視する姿勢をとった。

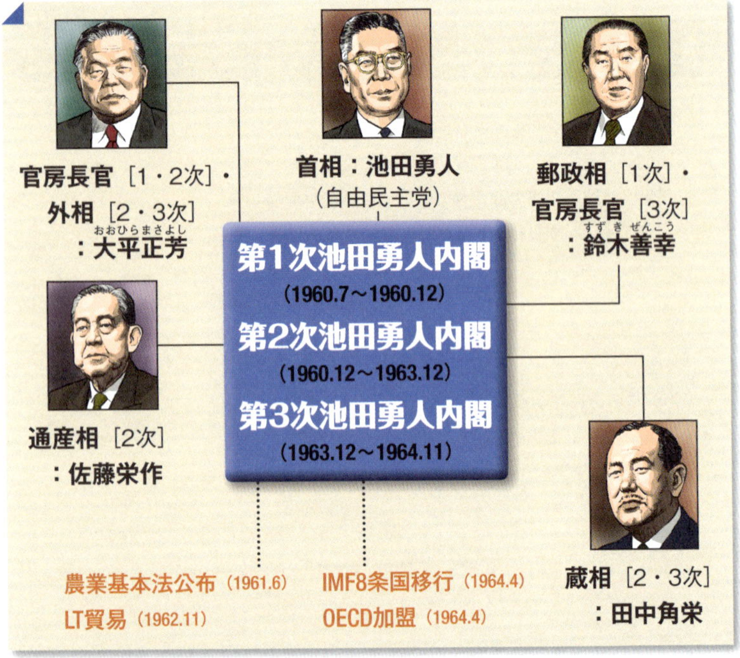

- 官房長官［1・2次］・外相［2・3次］：大平正芳（おおひらまさよし）
- 首相：池田勇人（自由民主党）
- 郵政相［1次］・官房長官［3次］：鈴木善幸（すずきぜんこう）
- 通産相［2次］：佐藤栄作
- 蔵相［2・3次］：田中角栄

第1次池田勇人内閣（1960.7〜1960.12）
第2次池田勇人内閣（1960.12〜1963.12）
第3次池田勇人内閣（1963.12〜1964.11）

- 農業基本法公布（1961.6）
- LT貿易（1962.11）
- IMF8条国移行（1964.4）
- OECD加盟（1964.4）

当時の世の中

　安保闘争の混沌とした状況下、首相に就任した池田勇人は政治的論争を避け、「**所得倍増**」をスローガンに掲げ、経済成長重視の方針を打ち出しました。

　新安保条約→p.202締結により、日本は防衛をアメリカに一任、軍事費を抑制し、経済政策を優先する政策が可能となりました。国民所得倍増計画は、高度経済成長を加速させ、1967年には倍増を達成し、「世界の奇跡」と称されました。

　また、**農業基本法**→p.206の公布（1961.6）、国交のない中華人民共和国との貿易に関する覚書に調印（**LT貿易**、1962.11）するなど、積極的な経済政策をおこないました。この貿易は半官半民的な貿易形態で、日中国交回復の契機ともなりました。

　第3次内閣においては、さらに積極的な経済改策がおこなわれました。1964年4月には、IMF14条国から**IMF8条国**へ移行し、国際収支の赤字を理由とする為替制限をおこなうこと（＝保護貿易）が不可になりました。また自由主義経済や貿易での対等な関係の構築を目的とする**OECD**（**経済協力開発機構**）への加盟により資本の自由化を義務づけられ、**開放経済体制**への移行をすすめました。

　池田は、**東京オリンピック**閉会（1964.10）直後、病気（喉頭ガン）のため退陣し、翌1965年8月に没しました。

　他、この内閣の時には、国民皆保険・皆年金が実現し（1961）、また、人口・産業の地域格差の是正を目的とする新産業都市建設促進法が制定されました（1962）。

Point 第1～3次池田勇人内閣

☑ 「所得倍増」、経済成長重視　⇨　農業基本法公布、LT貿易、IMF8条国への移行、OECDへの加盟

関連人物・事件

農業基本法

生産性向上と農家所得の増大を目指す法律。農具の機械化など近代化をすすめ、法律制定の趣旨どおり農家の所得増加に成功した。しかし、農家兼業化が拡大して、農村の労働力が大都市の労働力として流失し、いわゆる「三ちゃん農業」を生んだ。また、**食料自給率低下**（2011年で39％）の要因となった。**食料・農業・農村基本法**施行により廃止された（1999）。

ケネディ（1917〜1963）

第35代アメリカ大統領。日米首脳会談（1961）で日本のOECD加盟を支持し、経済における日本の国際的地位の向上に寄与。**キューバ海上封鎖**（1962.10）を実施し、東西間の緊張を拡大させた（**キューバ危機**）。遊説中、ダラスで暗殺（1963.11）。池田はワシントンでの葬儀に出席した。

西暦年	事　項	
1960		.9 石油輸出国機構（OPEC）結成
	.12 国民所得倍増計画決定	
1961	.6 農業基本法公布	.5 韓国で軍事クーデタ（朴正熙中心）
		.8 東独、ベルリンの壁構築
1962	.11 LT貿易	.10 キューバ危機
1963	.2 GATT11条国移行	
	.8 部分的核実験停止条約（PTBT）調印	
	オリンピック景気（〜64）	.11 ケネディ大統領暗殺
1964	.4 IMF8条国移行　OECD加盟	.1 フランス、中国（共）と国交樹立
	.9 名神高速道路開通	
	.10 東海道新幹線開業　東京オリンピック開会	.10 中国、核実験

入試ではこう出る

□1 「吉田学校」出身者のひとりで、1947年に大蔵事務次官となり、1949年の総選挙で当選、吉田茂の引きで蔵相に起用され、1960年7月より3次にわたり内閣を組織、**所得倍増論**を唱え、高度経済成長政策を推進した人物は誰か。
(同志社大)

□1 池田勇人

□2 「**国民所得倍増計画**」を閣議決定した内閣首班は、前任首相による安保条約改定の際に激化した国内の政治的対立状況を緩和するため、国民的関心を政治から経済へと転換させるのに功績があったと評価されている。大蔵省出身のこの内閣総理大臣は誰か。
(同志社大)

□2 池田勇人

□3 池田勇人内閣で実施された政策として不適切なものはどれか。次のイ〜ホから2つ選び、記号で答えよ。
イ. 食糧管理法の制定
ロ. 日中準政府間貿易（LT貿易）の取決め
ハ. 新産業都市建設促進法の制定
ニ. 公害対策基本法の制定
ホ. 国民皆保険・国民皆年金の実現
(早稲田大)

□3 イ・ニ
※イは1942年、東条内閣の時。ニは1967年、佐藤内閣の時。

□4 次の文章の正誤を答えよ。
池田勇人内閣は国内産業を育成するために、保護貿易と資本の統制管理を中心とした政策をとった。
(関西学院大)

□4 誤

第1〜3次池田勇人内閣

第1〜3次佐藤栄作内閣

昭和㊲1964.11〜1967.2 / 昭和㊳1967.2〜1970.1 / 昭和㊴1970.1〜1972.7

佐藤栄作（さとうえいさく）(1901〜1975)

第61〜63代首相。在任期間は歴代第2位、連続在任期間は最長。鉄道官僚から政治家に転身。前任池田同様**吉田学校**の出身。**造船疑獄事件**（1954）では**指揮権発動**により逮捕を免れた。実兄の元首相**岸信介**の政治方針を継承し、アジア外交を重視し、韓国との国交を実現。小笠原諸島・沖縄返還も実現。

首相：佐藤栄作（自由民主党）

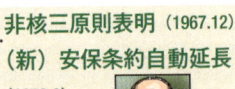

- 非核三原則表明（1967.12）
- （新）安保条約自動延長（1970.6）

第1次佐藤栄作内閣（1964.11〜1967.2）
第2次佐藤栄作内閣（1967.2〜1970.1）
第3次佐藤栄作内閣（1970.1〜1972.7）

- 通産相［2次］：大平正芳
- 運輸相［2次］：中曽根康弘
- 外［1・2次］・通産相［1次］：三木武夫
- 蔵［1・2・3次］・外相［3次］：福田赳夫
- 官房長官［3次］：竹下登
- 厚相［1次］：鈴木善幸
- 通産相［3次］：宮沢喜一
- 蔵［1次］・通産相［3次］：田中角栄

- 日韓基本条約（1965.6）
- 小笠原諸島返還（1968.6）
- 沖縄本土復帰（1972.5）
- 公害対策基本法（1967.8）
- 環境庁発足（1971.7）

208 昭和時代（戦後）

当時の世の中

　池田勇人の後継指名を受け、総裁に就任したのは佐藤栄作でした。彼は高度経済成長を背景に長期政権を築きました。師：吉田茂、実兄：岸信介の方針を受け継ぎ、長期政権ならではの政策を実現していきます。

　最大の功績は、**沖縄の本土復帰**といえます。就任直後から、最重要課題として位置づけ、核兵器を「持たず・作らず・持ち込ませず」の「**非核三原則**」表明（1967.12）、**小笠原諸島返還**（1968.6）を経て、1971年6月に**沖縄返還協定**に調印、1972年5月に沖縄の本土復帰を実現しました。そしてこの返還交渉が評価され、**ノーベル平和賞**を授賞しました（1974）。また兄の方針を継承し、アジア諸国との関係を重視、大韓民国の朴正煕政権との**日韓基本条約**の調印（1965）や、東南アジアの積極的な訪問などをおこないました。

　1970年、新安保条約は更新（自動延長）となりました。その際に阻止運動（70年安保闘争）がおこなわれ、学生運動の激化、よど号ハイジャック事件、浅間山荘事件などが起こりました。

　この時期、高度経済成長の歪みとして、**公害問題**が浮上し、**公害対策基本法** →p.210 制定（1967）・**環境庁**（現、環境省）設置（1971）がおこなわれましたが、公害病認定など多くの問題を残しています。

　他に、この内閣の時期には、いざなぎ景気を象徴する**日本万国博覧会**が開催（1970）されましたが、**ドル＝ショック**（＝ニクソン＝ショック、1971.8）、**中華人民共和国が国連の代表権を得る**（1971.10）などの、新しい政治課題には具体的な政策を打ち出せず、退陣しました。

Point　第1〜3次佐藤栄作内閣

- ☑ 外交　⇨　日韓基本条約調印、小笠原諸島返還、沖縄の本土復帰
- ☑ 公害問題　⇨　公害対策基本法制定、環境庁設置

関連人物・事件

公害対策基本法

4大公害病（**水俣病、新潟水俣病、四日市ぜんそく、イタイイタイ病**）の問題化を受け制定（1967.8）。公害対策に関する基本法。**環境基本法**施行にともない統合・廃止（1993.11）。

ニクソン（1913～1994）

第37代アメリカ大統領。沖縄返還協定に調印（1971）。実績の割には、アメリカ国民の評価は低いとされる。ソ連との核兵器削減交渉、**ベトナム戦争終結**（1973）、長年敵対した中華人民共和国との国交成立交渉を開始した（1972）。**ウォーターゲート事件**により辞任（1974）。任期中に辞任した史上初のアメリカ大統領。

西暦年	事項	
1965	.5 ILO第87号条約承認	.10 朝永振一郎、ノーベル物理学賞受賞
	.6 日韓基本条約調印	
1966	.1 戦後初の赤字国債発行	.5 中国、文化大革命始まる
	いざなぎ景気（～70）	.6 ビートルズ来日
1967		.4 美濃部亮吉、東京都知事当選
	.8 公害対策基本法	.6 第3次中東戦争
	.12 非核三原則表明	.7 EC成立
1968	.4 小笠原返還協定調印	.11 沖縄、初の公選主席に屋良朝苗当選
	.6 小笠原諸島の返還	
1969		.7 アポロ11号月面着陸
1970	.2 日本、核兵器拡散防止条約調印	
	.3 万国博覧会（大阪）	
	.6 日米安全保障条約自動延長 沖縄返還協定調印	

1971	.7 環境庁発足	.8 ドル=ショック
		.10 中国国連復帰
1972		.2 札幌オリンピック
		ニクソン訪中
	.5 沖縄返還協定発効、	.3 山陽新幹線開通
	沖縄本土復帰	高松塚古墳壁画発見

入試ではこう出る

□1 1901（明治34）年山口県に生まれた。1924（大正13）年東京帝国大学を卒業、鉄道省に入る。1944（昭和19）年に大阪鉄道局長に就任して敗戦をむかえた。戦後、衆議院議員になったが、**造船疑獄事件**での政治生命の危機を犬養法務大臣の指揮権発動で逃れた。この人物は誰か。
(同志社大)

□1 佐藤栄作

□2 日韓基本条約が締結された時の日本の首相は誰か。
(早稲田大／社会科学)

□2 佐藤栄作

□3 文中の空欄に入る、もっとも適切な人名を答えよ。
1965年6月、佐藤栄作内閣は大韓民国の＿＿＿政権と日韓基本条約を結び、国交を樹立した。
(慶應義塾大)

□3 朴正熙

第1・2次田中角栄内閣

昭和㊵ 1972.7～1972.12 / 昭和㊶ 1972.12～1974.12

田中角栄 (1918～1993)

第64・65代首相。新潟県出身。衆議院議員を16期務める。第1次岸信介改造内閣で郵政相に就任し、戦後初めて30歳代での大臣就任を果たした（1957）。「日本列島改造論」を発表、自民党総裁に当選し、組閣。「コンピュータ付きブルドーザー」と称され、豊富な知識量と迅速な実行力を兼ね備えていた。

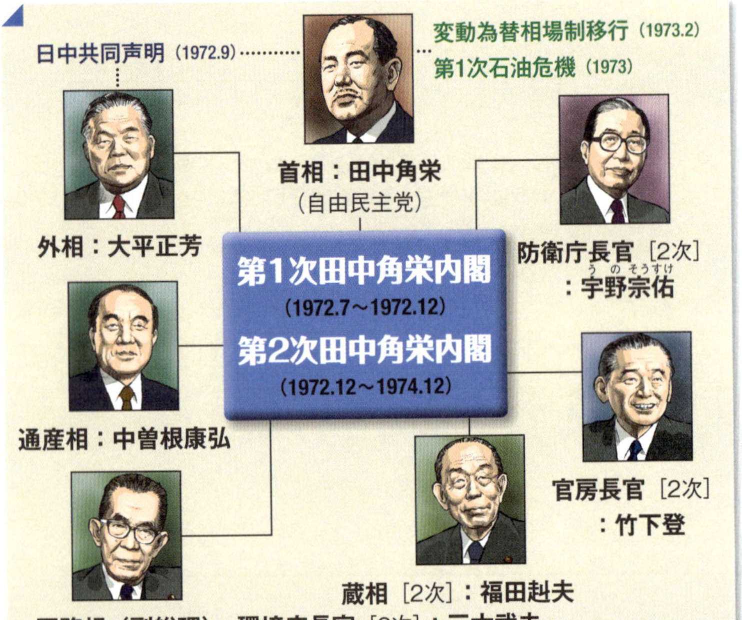

- 日中共同声明（1972.9）
- 変動為替相場制移行（1973.2）
- 第1次石油危機（1973）

首相：田中角栄（自由民主党）

第1次田中角栄内閣（1972.7～1972.12）
第2次田中角栄内閣（1972.12～1974.12）

- 外相：大平正芳
- 通産相：中曽根康弘
- 防衛庁長官［2次］：宇野宗佑
- 官房長官［2次］：竹下登
- 蔵相［2次］：福田赳夫
- 国務相（副総理）・環境庁長官［2次］：三木武夫

昭和時代（戦後）

当時の世の中

失速した佐藤栄作政権の後、政敵福田赳夫→p.218を破り自由民主党総裁に勝利した田中角栄が組閣しました（1972.7）。彼は「**日本列島改造論**」を発表し、高度経済成長に陰りがみえた日本に将来像を提供しました。

官僚出身でなく政党出身の政治家であり、また高学歴ではない庶民派宰相に国民は期待しました。「**日本列島改造**」は公共事業を促進し、都市への人口集中と過疎の抑制を目指すとされました。これは、ドル＝ショック以後の円高に対する内需拡大策として期待されましたが、利益誘導・金権政治との批判を受けました。

しかし、この時期、**変動為替相場制移行**（1973.2）、**第1次石油危機**（1973）の影響で原油価格が高騰した結果の「**狂乱物価**」により、**トイレットペーパー騒動**が起こるなど、経済政策は行き詰まっており、1974年には経済が戦後初の**マイナス成長**となりました。

この内閣で、当時および現在でも評価が高いのは、訪中して中国の周恩来→p.214と**日中共同声明**に調印し、**日中国交正常化**を実現した（1972.9）ことでしょう。同時に中華民国（台湾）とは国交断絶状態となりました。

田中は、自身の金脈問題で退陣した後、**ロッキード事件**→p.214で1976年に逮捕されるも、派閥の力を背景にキングメーカーとして政界に君臨し続けました。

Point 第1・2次田中角栄内閣

☑ 変動為替相場制移行、第1次石油危機
　⇨ 戦後初の経済マイナス成長
☑ 日中共同声明 ⇨ 日中国交正常化

関連人物・事件

周恩来（1898〜1976）

日中共同声明に調印した中華人民共和国の首相（国務院総理）。中華人民共和国建国から没するまで首相を務めた。日本留学の経験が、日本の事情通の立場をつくった。1920年代には、孫文が創設した軍官学校の政治部副主任であった。周の尽力で、**西安事件**（1936）後の**第二次国共合作** →p.154 は実現した。

変動為替相場制

1971年8月の**ドル＝ショック（ニクソン＝ショック）**では、1ドルは360円から**308円**に切り上がった。この時は固定相場制を維持したが、この体制は持続せず、1973年2〜3月に日本を含む西側諸国は相次いで**変動為替相場制**に切り替えた。この結果、日本を含む西側諸国は一層の自国通貨高に陥り、輸出の低迷による景気後退が加速した。

第1次石油危機（オイル・ショック）

第4次中東戦争勃発（1973.10）後、**アラブ石油輸出国機構**が、原油生産段階的削減・**イスラエル**支持国への石油禁輸を決定した。日本では原油価格の上昇（4倍）に大打撃を受け、**ドル＝ショック**以降の円高加速による輸出低迷、**列島改造ブーム**による急速なインフレに追い打ちをかけ、**狂乱物価**と呼ばれた物価上昇が続いた。

ロッキード事件

アメリカの航空機製造会社**ロッキード社**による旅客機（トライスター）の受注をめぐる世界的な汚職事件。1976年2月発覚。当時の**三木武夫内閣** →p.216 において、前首相**田中角栄**をはじめとする政治家の逮捕、全日空社長・社員、ロッキード社販売代理店丸紅の役員・社員、右翼大物児玉誉士夫らが逮捕された。陰謀説もささやかれた戦後最大の汚職事件。

西暦年	事 項	
1972	.9 日中共同声明	
1973	.2 変動為替相場制移行	.10 第4次中東戦争
	.8 金大中（キムデジュン）事件	→第1次石油危機
		江崎玲於奈（えざきれおな）、ノーベル物理学賞受賞
1974	.1 東南アジア5カ国訪問	.8 ニクソン米大統領辞任
	.6 国土庁発足	朴韓国大統領狙撃（そげき）
	.11 フォード米大統領来日、天皇と会見	.10 佐藤栄作、ノーベル平和賞受賞

入試ではこう出る

☐1 日中共同声明調印時の内閣総理大臣の姓名を記せ。
（同志社大）

☐1 田中角栄

☐2 1918（大正7）年新潟県に生まれた。日本列島改造論などの提唱による国土開発政策に大きな力をふるった。1972年に自民党総裁となり政権を担当したが、金権体質などを追求され1974年に退陣する。1976年にロッキード事件が発覚し、逮捕起訴されたことは、その体質を象徴するものであった。この人物は誰か。
（同志社大）

☐2 田中角栄

☐3 第1次石油危機が起きたときの内閣総理大臣は、誰か。
（早稲田大／法）

☐3 田中角栄

第1・2次田中角栄内閣

三木武夫内閣

昭和㊷　1974.12～1976.12

三木武夫（みきたけお）（1907～1988）

第66代首相。当選19回、議員在職51年。戦前は軍部に対して批判的な立場を取り、大政翼賛会にも不参加。戦後、片山哲内閣で逓信相として初めて入閣した。田中退陣後、「クリーン」な政治を掲げ組閣。田中逮捕後、党内反主流6派による「三木おろし」により退陣に追い込まれた。

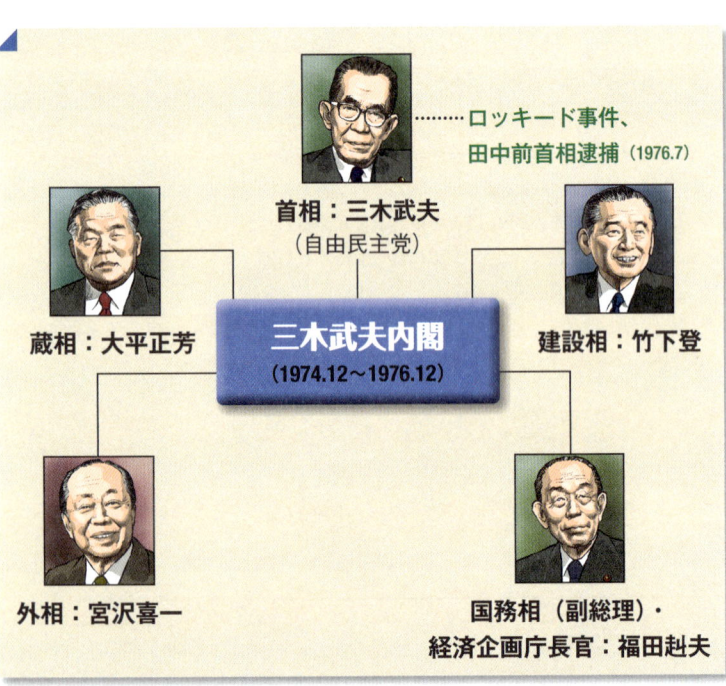

首相：三木武夫（自由民主党）

……ロッキード事件、田中前首相逮捕（1976.7）

三木武夫内閣（1974.12～1976.12）

蔵相：大平正芳

建設相：竹下登

外相：宮沢喜一

国務相（副総理）・経済企画庁長官：福田赳夫

216　昭和時代（戦後）

当時の世の中

　田中角栄内閣総辞職後、自民党副総裁椎名悦三郎の指名裁定で、金権政治批判を貫いた三木武夫が総裁に就任・組閣しました（1974.12）。三木は、「**クリーン**」な政治を掲げ、**政治資金規正法改正**、**防衛費GNP1％枠**を閣議決定しました。

　また、表面化した**ロッキード事件**の全容解明を表明し、そして、外国為替管理法違反の疑いで検察によって前首相田中は逮捕されました。

　田中逮捕後、三木に反発した党内反主流派による露骨な「三木おろし」が始まりました。戦後唯一の任期満了による総選挙（第34回）では、ロッキード事件への批判により大敗し、退陣に追い込まれました。

西暦年	事　項	
1975	.8 首相として靖国神社参拝	.4 蔣介石没
	.9 天皇訪米	ヴェトナム戦争終結
	.11 第1回サミット開催	
	（仏ランブイエ）	
	国鉄スト権スト	
1976	.7 ロッキード事件、	.1 周恩来没
	田中前首相逮捕	.9 毛沢東没
		.10 中国、文化大革命指導者
		4人組逮捕

入試ではこう出る

□1　前政権の政治資金をめぐる事件で、副総裁の裁定によって誕生した首相の時に政界をゆるがせた政治腐敗事件を答えよ。
(早稲田大／政経〈改題〉)

□1　ロッキード事件

三木武夫内閣

福田赳夫内閣

昭和㊸ 1976.12〜1978.12

福田赳夫（ふくだたけお）（1905〜1995）

第67代首相。大蔵官僚から政治家に転身。佐藤栄作の後継と目されたが、総裁選挙で政敵田中角栄に敗北。三木の後任として首相就任。「**全方位平和外交**」を提唱、積極的な東南アジア外交を展開。総裁予備選挙で、田中派を後ろ盾にした大平正芳に大差で敗北し、総理総裁を退く。長男は元首相**福田康夫**。

環境庁長官：石原慎太郎（いしはらしんたろう）

首相：福田赳夫（自由民主党）……… 日中平和友好条約調印（1978.8）

福田赳夫内閣（1976.12〜1978.12）

農林相：鈴木善幸

文相：海部俊樹（かいふとしき）

経済企画庁長官：宮沢喜一

科学技術庁長官：宇野宗佑

当時の世の中

「三木おろし」後、田中角栄・大平正芳・福田赳夫の合意で、総裁選をおこなうことなく福田が総理に就任しました。国民の政治不信の中、「協調と連帯」を掲げ、懸案事項に取り組みました。

この内閣は、日中共同声明→p.212以降、難航していた**日中平和友好条約**の調印（1978.8）に成功し、**鄧小平**副首相の来日を実現させました（中国要人として初）。また、アジア重視の外交方針を表明した「**福田ドクトリン**」がフィリピンのマニラで発表（1977.8）され、**全方位平和外交**の方針を貫きました。

他に、派閥解消を目指し、国会議員を排して党員投票による自民党総裁予備選挙を導入しましたが、田中派を後ろ盾にした大平正芳に大差で敗れ、総理総裁を退きました。

西暦年	事項	
1977	.4 中国、尖閣諸島侵犯	
	.9 日本赤軍によるダッカ日航機ハイジャック事件	.7 鄧小平復権
1978	.5 成田空港開港	
	.8 日中平和友好条約調印	

入試ではこう出る

□1 日中共同声明を踏まえて、1978年に日中間で調印された条約名とその際の首相の組み合わせとして正しいものを、次の1〜4の中から1つ選べ。
  1. 日中平和友好条約－田中角栄
  2. 日中平和友好条約－福田赳夫
  3. 日中友好通商条約－田中角栄
  4. 日中友好通商条約－福田赳夫

（オリジナル）

□1 2
※田中角栄は日中共同声明に調印した。

第1・2次大平正芳内閣

昭和㊹ 1978.12～1979.11 ／ 昭和㊺ 1979.11～1980.6

大平正芳（1910～1980）

第68・69代首相。大蔵官僚出身。池田勇人の側近と目され、第2次池田内閣で外相就任以降、歴代の内閣の閣僚・要職を歴任。田中角栄との盟友関係と田中内閣での外相時に日中国交正常化を実現させた功績を背景に、1978年の自民党総裁予備選挙で福田に圧勝し首相に就任。**衆参同日選挙**の選挙期間中、急死した。

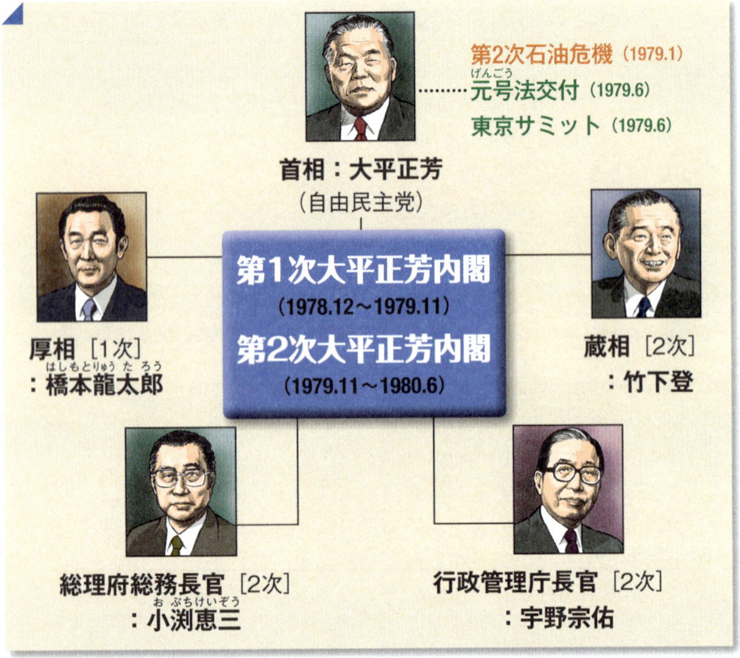

首相：大平正芳（自由民主党）

- 第2次石油危機（1979.1）
- 元号法交付（1979.6）
- 東京サミット（1979.6）

第1次大平正芳内閣（1978.12～1979.11）
第2次大平正芳内閣（1979.11～1980.6）

- 厚相［1次］：橋本龍太郎
- 蔵相［2次］：竹下登
- 総理府総務長官［2次］：小渕恵三
- 行政管理庁長官［2次］：宇野宗佑

昭和時代（戦後）

当時の世の中

　福田内閣から代わった大平正芳内閣は、内政では、石油危機以降の財政再建のため一般消費税導入を目指しましたが、早すぎた政策のため断念せざるをえませんでした。また、**第2次石油危機**のなか**東京サミット**（第5回サミット、1979.6）を成功させました。

　外交では、「新冷戦時代」と呼ばれる時期で、**イラン革命**（1979.2）ソ連の**アフガニスタン侵攻**（1979.12）などがあり、**モスクワオリンピック出場ボイコット**を決定（1980）しました。また、日米安全保障関係を重視する立場から防衛予算増額を決定しました。

　国内では、党内反主流派との軋轢が激化し、自民党は事実上分裂状態になりました。第2次内閣時、社会党提出の内閣不信任決議案が反主流派欠席により可決されました。大平は衆議院を解散（**ハプニング解散**）、総選挙を参議院選挙の日に合わせる初の**衆参同日選挙**を画策しました。

　しかし、選挙期間中、心不全により急死しました。これを契機に自民党の主流・反主流派が結束し、選挙は自民党の圧勝に終わりました。

西暦年	事　項	
1979	.1 第2次石油危機	.2 イラン革命
	.6 元号法公布	
	東京サミット	.12 ソ連、アフガニスタン侵攻
1980	.5 モスクワオリンピックボイコット決定	

入試ではこう出る

□1　財政改革を目指して**一般消費税**の導入を狙ったが、反対にあって断念した首相を答えよ。
　　　　　　　　　　　　　　　　　　（早稲田大／政経〈改題〉）

□1　大平正芳

鈴木善幸内閣

昭和㊻　1980.7～1982.11

鈴木善幸（1911～2004）

第70代首相。日本社会党から総選挙出馬・初当選（1947）。のちに保守政治家となる。第1次池田内閣での郵政相就任以後、裏方として力を発揮。大平の急死により、後継総裁・首相となる。「**増税なき財政再建**」を掲げ**第2次臨時行政調査会**を発足させた。娘婿は元首相麻生太郎。

第2次臨時行政調査会初会合
（1981.3）

首相：鈴木善幸
（自由民主党）

鈴木善幸内閣
（1980.7～1982.11）

官房長官：宮沢喜一

行政管理庁長官：中曽根康弘

222　昭和時代（戦後）

当時の世の中

大平正芳→p220の急死により、自民党に同情票が集まり、衆参同日選挙では自民党が圧勝しました。そして、後継総裁・首相に大平政権を継承するかたちで鈴木善幸が就任することになりました。彼の温厚な人柄と、党内の派閥抗争を避ける思惑が総理のいすを呼び込みました。

彼は、**新保守主義**の潮流のなか、大平の政策を継承し、「**増税なき財政再建**」を掲げました。そして**第2次臨時行政調査会**（会長土光敏夫）を発足させ（1981.3）、赤字国債依存体質からの脱却を公約に掲げました。しかし、再選を確実視されていた総裁任期直前に突然退陣を表明し、改革は次の中曽根内閣に引き継がれました。

外交政策は、現職首相として初めての北方領土と本土復帰後の沖縄を視察しました。日米関係を重視しつつも、趙紫陽中国首相の来日（1982.5）もあり、米・中関係のバランスを重視しました。

西暦年	事 項	
1980		.9 イラン・イラク戦争開始
1981	.1 2月7日を北方領土の日と閣議決定	.1 レーガン、米大統領就任
	.3 第2次臨時行政調査会初会合	.10 福井謙一、ノーベル化学賞受賞
1982	.6 東北新幹線開通	.4 フォークランド紛争
	.8 参議院議員選挙比例代表制へ（施行は1983年）	

入試ではこう出る

□1 「第2次臨時行政調査会」を設置した首相を答えよ。
（早稲田大／政経〈改題〉）

□1 鈴木善幸

鈴木善幸内閣

第1～3次中曽根康弘内閣

昭和㊷1982.11～1983.12／昭和㊽1983.12～1986.7／昭和㊾1986.7～1987.11

中曽根康弘（1918～）

第71～73代首相。内務官僚出身。衆議院議員選挙に連続20回当選（1947～2003）。第2次岸内閣で科学技術庁長官として初入閣。鈴木内閣で行政改革に尽力した。鈴木退陣後、**行政改革推進**と「**戦後政治の総決算**」を掲げ、歴代第5位の長期政権を担当。

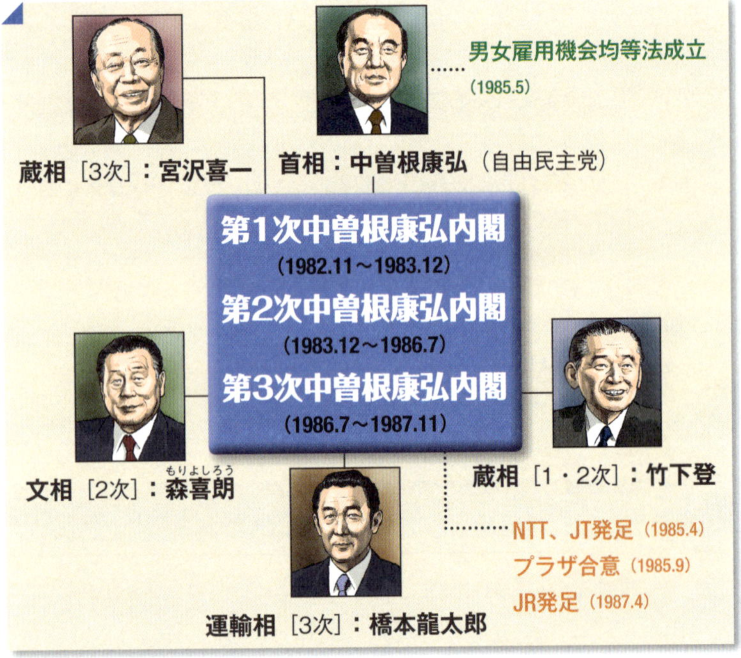

- 蔵相［3次］：宮沢喜一
- 首相：中曽根康弘（自由民主党）
  - 男女雇用機会均等法成立（1985.5）
- 文相［2次］：森喜朗
- 運輸相［3次］：橋本龍太郎
- 蔵相［1・2次］：竹下登
  - NTT、JT発足（1985.4）
  - プラザ合意（1985.9）
  - JR発足（1987.4）

第1次中曽根康弘内閣（1982.11～1983.12）
第2次中曽根康弘内閣（1983.12～1986.7）
第3次中曽根康弘内閣（1986.7～1987.11）

昭和時代（戦後）

当時の世の中

　鈴木善幸退陣後、中曽根康弘が組閣しました。内政では「**戦後政治の総決算**」、外交では「国際国家日本」を掲げ、強力なリーダーシップを発揮しました。

　この内閣は、前内閣の方針を継承し、日本専売公社（1985、現・JTに）、日本電信電話公社（1985、現・**NTT**に）、日本国有鉄道（1987、現・**JR**に）の分割民営化、日本航空の完全民営化（1987）を実現しました。また、**男女雇用機会均等法**→p.226を成立させ（1985）、職場での女性差別の改善に取り組みました。

　外交では、前政権により悪化した日米関係修復をはかり、アメリカのレーガン大統領→p.226と「**ロン・ヤス関係**」と呼ばれる緊密な関係を構築しました。また、日米安全保障体制強化、防衛費のGNP比1％枠を撤廃させました。「不沈空母」「運命共同体」発言が問題視されることもありました。

　経済政策では**プラザ合意**（1985）→p.226による**円高**に対応するため、低金利政策を推進し**バブル経済**の契機をつくりました。また、財政再建の柱とした大型間接税の**売上税**の導入を目指しましたが、支持率急落により断念しました。その後、**竹下登**→p.228を後継指名し、退陣しました（中曽根裁定）。

Point 第1〜3次中曽根康弘内閣

- ☑ 民営化 ⇨ 日本専売公社→JT、日本電信電話公社→NTT、日本国有鉄道→JR
- ☑ 男女雇用機会均等法成立 ⇨ 職場での女性差別の改善

関連人物・事件

レーガン (1911〜2004)

第40代アメリカ大統領。俳優から政治家に転身。就任時史上最年長 (69歳)。「レーガン=ドクトリン」は東西冷戦終結の契機となる。また、極東アジアの軍事戦略上、日本を重視し、在任中3度の訪日をおこなった。

男女雇用機会均等法

勤労婦人福祉法 (1972) が法改正 (1985) により同法となる。国際連合採択 (1979) の**女子差別撤廃条約**批准が背景にあった。男女同権を達成するためにあらゆる分野の男女差別の撤廃などを規定。1999年の法改正により、募集、配置、福利厚生、解雇などにおいて、男女差をつけることが禁止された。

プラザ合意

G5 (先進5カ国蔵相・中央銀行総裁会議、1985.9) により発表された為替レート安定化に関する合意を指し、会場であるニューヨークの**プラザホテル**から上記の名称で呼ばれる。1980年代前半、アメリカは高金利政策を実施していたため、貿易・財政赤字が累積していた。アメリカ経済の活性化をはかるため、為替相場における**ドル安容認**を決定。わが国は逆に円高進行により輸出が低迷。状況打開を試みる低金利政策を実施したが、企業による投機が過熱し「バブル経済」の契機となった。

チェルノブイリ原子力発電所事故

旧ソ連 (現、ウクライナ) で発生 (1986.4)。炉心融解後の爆発で、放射性物質が大気中に放出された (レベル7〈最悪事故〉)。当初、ソ連政府は事故を非公表としたが、後に発覚。現在も周辺地域 (半径30km以内) では居住禁止、局地的濃度汚染地域においても農業・畜産業が禁止されている。

西暦年	事項	
1983	.1 訪米、「運命共同体」発言	.4 東京ディズニーランド開園
1984	.9 全斗煥韓国大統領来日	
1985	.4 NTT、JT発足	
	.5 男女雇用機会均等法成立	.10 阪神タイガース21年ぶり優勝
	.9 プラザ合意	
1986		.4 ソ連、チェルノブイリ原子力発電所事故
1987	.4 JR発足（国鉄民営化）	.10 利根川進、ノーベル医学・生理学賞受賞

入試ではこう出る

□1 中曽根康弘首相は、当初「戦後政治の総決算」を唱えて政治的・軍事的大国化を目指し、その後、行財政改革を推し進めるため、［ 1 ］・［ 2 ］・［ 3 ］への民営化を断行し、省庁の統廃合を進めた。空欄の［ 1 ］・［ 2 ］・［ 3 ］に該当する語を3つとも記入せよ。順序は問わない。なお、いずれも通称（略称）で答えてもよい。
(早稲田大)

□1　NTT・JT・JR

□2 1982年に発足した中曽根康弘内閣が掲げたのは「［　　　］の総決算」である。空欄にあてはまる語句を答えよ。
(立教大)

□2　戦後政治

□3 中曽根康弘内閣の説明として正しくないものはどれか。次のa〜dから1つ選び、記号で答えよ。
a. 行政改革の一環として電電公社と専売会社を民営化した。
b. 国鉄を分割・民営化した。
c. 財政赤字解消のため、大型間接税を導入した。
d. 日米の緊密化をはかり、防衛費を増額した。
(立教大)

□3　c

竹下登内閣

昭和㊿・平成①　1987.11〜1989.6

竹下登（たけしたのぼる）（1924〜2000）

第74代首相。郷里島根で中学校教員となり、青年団活動に尽力。県議会議員を経て、第28回総選挙（1958）以後連続14回当選。第3次佐藤内閣の官房長官として初入閣。第2次大平、第1・2次中曽根内閣で蔵相。田中派から独立し**経世会**（けいせいかい）を組織した。初の地方議会議員出身の首相。

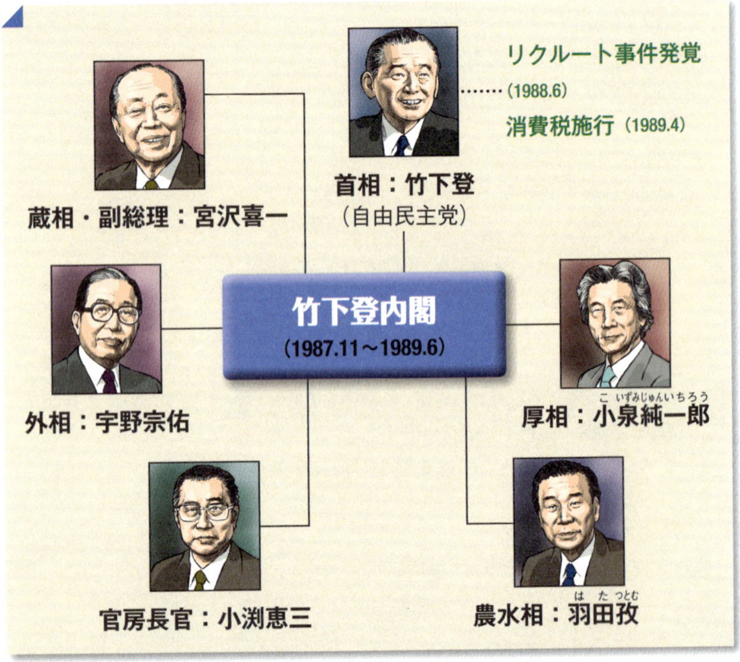

竹下登内閣（1987.11〜1989.6）

- 首相：竹下登（自由民主党）
  - リクルート事件発覚（1988.6）
  - 消費税施行（1989.4）
- 蔵相・副総理：宮沢喜一
- 外相：宇野宗佑
- 厚相：小泉純一郎（こいずみじゅんいちろう）
- 官房長官：小渕恵三
- 農水相：羽田孜（はたつとむ）

昭和時代（戦後）・平成時代

当時の世の中

　中曽根裁定により、第12代自民党総裁、第74代首相に竹下登が就任しました（1987.11）。彼は田中角栄と袂を分かち、**経世会**（元、勉強会：創政会）を立ち上げ、党内最大派閥の領袖となっていました。

　彼は、大平正芳内閣→p.220からの悲願であった消費税導入に成功します（決定：1988、施行：1989）。また、**ふるさと創生事業**として、全国の多くの市町村に対し一律1億円を交付しました。

　対外的には、日米関係重視の路線に沿い、貿易摩擦の懸案だった牛肉・オレンジについて、日米間の協議による輸入自由化に合意しました。

　またこの時期、昭和天皇が崩御（1989.1.7）し、新元号が「**平成**」となりました。

　この内閣は、リクルート事件発覚（1988.6）、消費税施行（1989.4）により、支持率が急速に低下したため、総辞職に追い込まれました（1989.6）。退陣後も、宇野、海部、宮沢の歴代内閣に強い影響力をもちましたが、**東京佐川急便事件**（1992）発覚、その過程で**皇民党事件**が明るみに出るなど、党支持率のいっそうの低下をまねきました。

西暦年	事　項	
1988	.6 日米農産物交渉決着	.3 青函トンネル開通
	リクルート事件発覚	
	.11 ふるさと創生1億円交付決定	
1989	.1 昭和天皇崩御	
	.4 消費税施行	

入試ではこう出る

□1　消費税を初めて導入した首相は誰か、答えよ。
（早稲田大／政経）

□1　竹下登

歴史の流れがわかる図解まとめ

戦後経済の動向

■1953～2000年の実質経済成長率

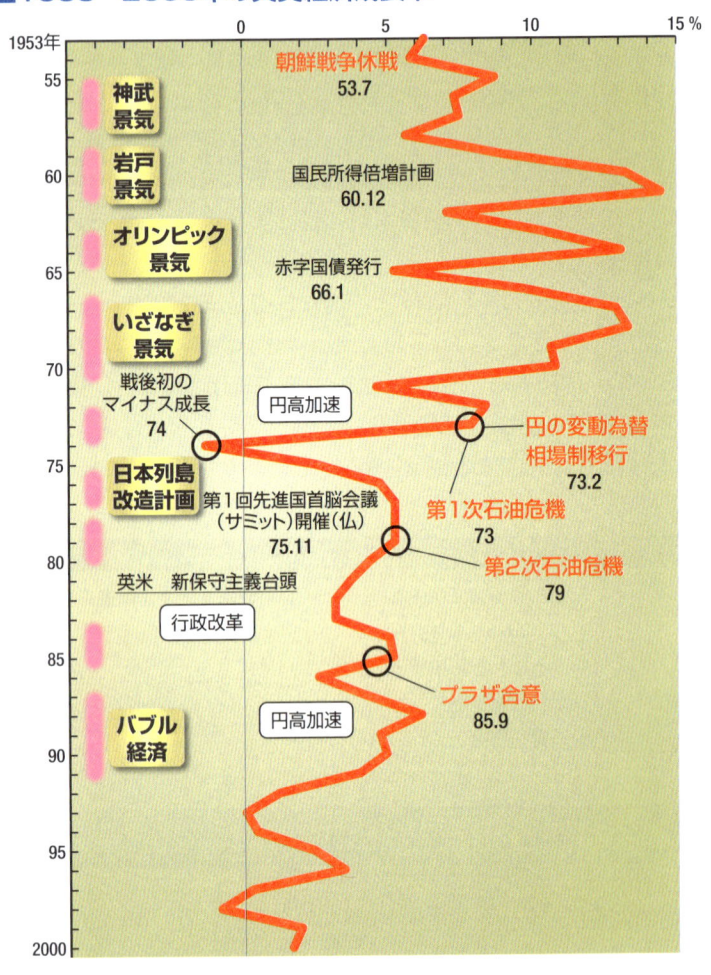

- 神武景気
- 岩戸景気
- オリンピック景気
- いざなぎ景気
- 日本列島改造計画
- バブル経済

朝鮮戦争休戦 53.7
国民所得倍増計画 60.12
赤字国債発行 66.1
戦後初のマイナス成長 74
円高加速
円の変動為替相場制移行 73.2
第1回先進国首脳会議（サミット）開催（仏） 75.11
第1次石油危機 73
英米　新保守主義台頭
行政改革
第2次石油危機 79
プラザ合意 85.9
円高加速

昭和時代（戦後）・平成時代

解　説

　ここでは、終戦直後から1980年代後半の「**バブル経済**」までの経済動向をおおまかに説明していきます。

　戦後直後は、①**生産体制壊滅**、②**失業者増大**、③**インフレ激化**という状況でした。**幣原喜重郎内閣**→p.170では「**金融緊急措置令**」によりインフレ収束を目指しましたが、**第1次吉田茂内閣**→p.172では**傾斜生産方式**による生産体制復興を目指しました。傾斜生産方式は財源を紙幣増発としたため、インフレ激化によって労働運動が高揚しました。そのため、日本社会党**片山哲**→p.174による新政権が発足、ここでも**傾斜生産方式**が継続されました。**第2次吉田内閣**→p.180ではアメリカの対日政策転換により、**経済安定九原則**によるインフレ収束が目標とされました。

　ドッジ＝ライン、**シャウプ勧告**によりこの目標は達成できましたが、「**安定恐慌**」と呼ばれる不況に陥りました。**朝鮮戦争**勃発（1950.6）は、このような状況を一掃しました。朝鮮戦争にともなう「**特需景気**」は、**高度経済成長**の契機となりました。独立回復を果たしていた日本は**IMF**などの国際機関に加盟し（1952）、1955〜70年まで**神武景気**・**岩戸景気**・**オリンピック景気**・**いざなぎ景気**と好景気が続きました。

　しかし、360円から308円への**円切上げ**（＝**ドル＝ショック**、1971）、**変動為替相場制移行**（1973）が円高を加速し輸出を低迷させました。首相田中角栄→p.212は**日本列島改造**による内需拡大を目指しましたが、第1次**石油危機**で1974年、**戦後初のマイナス成長**となりました。この時期、第2次**石油危機**（1979）もあり低成長が続きました。

　1980年代は、イギリス・アメリカの新保守主義による「**小さな政府**」を意識し、行政改革が進められ、政府現業民営化（NTT、JT、JR）が実現しました。また、**プラザ合意**（1985）→p.226によりドル安容認によるアメリカの経済回復が確認され、円高対策として超低金利政策がおこなわれました。これが、「**バブル経済**」と呼ばれた過熱投機による経済成長をもたらしました。

平成時代の内閣

宇野宗佑内閣
平成②　1989.6～1989.8

宇野宗佑（1922～1998）

第75代首相。自民党支持率急落を受け、急遽組閣。女性スキャンダルが発覚し、参議院選挙で大敗後に退陣。史上4番目の短期政権。

第1・2次海部俊樹内閣
平成③・④　1989.8～1991.11

海部俊樹（1931～）

第76・77代首相。初の昭和生まれの首相。演説のうまさには定評があった。湾岸戦争が勃発（1991.1）し、多額の資金供与を実施した。

宮沢喜一内閣
平成⑤　1991.11～1993.8

宮沢喜一（1919～2007）

第78代首相。海外では早くから首相候補として知られていた。PKO協力法（国際平和協力法）を可決する（1992.6）も、内閣不信任可決・総選挙敗北により退陣し、こうして「55年体制」→p.192が終焉した。

細川護熙内閣

平成⑥　1993.8～1994.4

細川護熙（ほそかわもりひろ）（1938～）

第79代首相。旧熊本藩主細川家当主。**日本新党**代表。非自民連立政権。小選挙区比例代表並立制などの政治改革関連4法を成立させたが、佐川急便問題で退陣した。祖父は近衛文麿→p.138。

羽田孜内閣

平成⑦　1994.4～1994.6

羽田孜（はたつとむ）（1935～）

第80代首相。**新生党**代表。連立政権を継承するも、新党さきがけ・日本社会党が離脱。予算成立後に退陣。史上2番目の短期政権。

村山富市内閣

平成⑧　1994.6～1996.1

村山富市（むらやまとみいち）（1924～）

第81代首相。**日本社会党**から46年ぶりの首相就任。自民党・日本社会党・新党さきがけによる連立政権。消費税引き上げを決定した。また、**阪神・淡路大震災**、**オウム事件**発生時（1995）の危機管理能力の低さが批判された。

第1・2次橋本龍太郎内閣 平成⑨・⑩ 1996.1〜1998.7

橋本龍太郎（はしもとりゅうたろう）（1937〜2006）

第82・83代首相。自民党・社会民主党・新党さきがけ連立政権を継続するが、**自民党**の総裁が総理の座に復帰。省庁再編に尽力。北方領土問題や沖縄普天間基地移設問題で成果を上げた。**消費税の5％引き上げ**を実施したが、経済政策でつまずき、参議院選挙敗北後に退陣。

小渕恵三内閣 平成⑪ 1998.7〜2000.4

小渕恵三（おぶちけいぞう）（1937〜2000）

第84代首相。自民党単独内閣として発足。後に自由党（後、保守党）・公明党との連立政権となる。通信傍受法、国旗・国歌法、金融再生法を成立させた。自由党の連立離脱問題が起こった後、脳梗塞で入院し、死去。

第1・2次森喜朗内閣 平成⑫・⑬ 2000.4〜2001.4

森喜朗（もりよしろう）（1937〜）

第85・86代首相。小渕入院後、組閣。党内有力者による密室協議であったため、発足当初から支持率が低迷。失言問題、「えひめ丸」事故への対応の不手際もあり、退陣。

第1~3次小泉純一郎内閣　平成⑭~⑯　2001.4~2006.9

小泉純一郎（1942~）

第87~89代首相。「聖域なき構造改革」を掲げ、持論の郵政民営化、道路公団民営化をおこなった。また、平壌を訪れ、北朝鮮による拉致被害者の一部帰国を実現。他、行財政改革＝**三位一体の改革**（国庫補助金負担金廃止・縮減、税財源移譲、地方交付税見直し）をおこなった（2002）。高い支持率を維持したまま、総裁任期終了により退陣した。

第1次安倍晋三内閣　平成⑰　2006.9~2007.9

安倍晋三（1954~）

第90代首相。早くから小泉内閣の後継者と目された。憲法改正国民投票法、改正教育基本法を成立させた。郵政造反組復党問題、閣僚の不祥事により参議院選挙で歴史的大敗を喫した後、続投するも健康問題で退陣。祖父は岸信介→p.200、父は安倍晋太郎。戦後最年少の総理。

福田康夫内閣　平成⑱　2007.9~2008.9

福田康夫（1936~）

第91代首相。前内閣で生じた「ねじれ国会」に終始悩まされ、法案可決が難航した。民主党との大連立策も失敗。洞爺湖サミット後、退陣。父は福田赳夫→p.218で、親子で総理となった。

麻生太郎内閣

平成⑲　2008.9～2009.9

麻生太郎（あそうたろう）（1940～）

第92代首相。政権発足直後にリーマン・ショックが起こる。定額給付金、家電エコポイントなどの景気対策を実施。前政権同様「ねじれ国会」に苦戦。低い支持率のまま総選挙を実施（2009.8）、議席を半分以上失う大惨敗を喫し、退陣。祖父は吉田茂→p.172、義父は鈴木善幸→p.222。オリンピック出場経験をもつ。

鳩山由紀夫内閣

平成⑳　2009.9～2010.6

鳩山由紀夫（はとやまゆきお）（1947～）

第93代首相。総選挙で単独過半数を獲得し、民主党による政権交代が実現。参議院対策として当初国民新党、社会民主党と連立。高い支持率を得ていたが、普天間基地移設問題での迷走、鳩山の献金違法処理問題、小沢一郎幹事長の「政治とカネ」問題で行き詰まり退陣した。祖父は鳩山一郎→p.190。

菅直人内閣

平成㉑　2010.6～2011.9

菅直人（かんなおと）（1946～）

第94代首相。市民運動家として活躍。厚相時代、薬害エイズ問題に取り組む。尖閣諸島での中国漁船衝突事件、東日本大震災・福島第一原発事故の対応への批判が高まり退陣。

野田佳彦内閣

平成㉒　2011.9～2012.12

野田佳彦（のだよしひこ）（1957～）

第95代首相。復興増税・消費税増税に取り組むも、マニフェストの変更に党内からも批判が高まり、小沢一郎らが集団で離党。苦しい議会運営を強いられ、第46回総選挙の結果退陣した。初の松下政経塾（まつしたせいけいじゅく）出身の首相であった。

第2次安倍晋三内閣

平成㉓　2012.12～

安倍晋三（1954～）

第46回の総選挙での自民党の歴史的大勝利の結果、公明党との連立により組閣。首相経験者による初の自民党総裁再選、戦後では吉田茂以来の首相再任を果たした。自身「危機突破内閣」と命名し、デフレ脱却・円高対策を中心に経済再生に重点をおく政策を掲げた。

入試ではこう出る

〈宮沢喜一内閣〉

□1 1992年に首相であったのは宮沢喜一であるが、この年の出来事を、次のイ～ニの中から1つ選び、記号で答えよ。
イ．消費税の導入
ロ．リクルート事件の発覚
ハ．国鉄民営化
ニ．PKO協力法（国際平和協力法）成立
（関西学院大）

□1 ニ

〈細川護熙内閣〉

□1 空欄A～Bに入る語句を答えよ。
第40回衆議院議員総選挙で、自由民主党は衆議院での過半数の議席の獲得に失敗し、1955年の結党以来、はじめて野党に転落するきっかけとなった。自由民主党の過半数議席喪失後、成立した非自民・非共産政権の首相の人物名 A を漢字で記せ。さらにその出身母体となった政党名 B を答えよ。
（同志社大）

□1 A - 細川護熙
　　B - 日本新党

〈村山富市内閣〉

□1 保守主義と社会主義の連立政権について、日本で成立した内閣で日本社会党・自由民主党などによる連立政権として正しいものを、次のA～Dの中から1つ選び、記号で答えよ。
A．中曽根康弘内閣　B．森喜朗内閣
C．村山富市内閣　　D．小泉純一郎内閣
（明治大）

□1 C

238　平成時代

☐2 1994年、ある内閣は地方消費税の導入と消費税の税率引き上げを決定し、内閣退陣翌年の1997年4月に実施された。この内閣を組閣した人物は誰か答えよ。

(立教大)

☐2 村山富市

〈第1・2次橋本龍太郎内閣〉

☐1 橋本龍太郎内閣は自由民主党を中心とする3党連立政権だった。自由民主党とともに連立を組んだ政党はどれか。次のa〜fの中から2つ選び、記号で答えよ。
 a. 公明党　　　　b. 社会民主党
 c. 新進党　　　　d. 新党さきがけ
 e. 日本共産党　　f. 民主党

(立教大)

☐1 b・d (順不同)

〈第1〜3次小泉純一郎内閣〉

☐1 日本と北朝鮮の間では、2002年9月に□□□が日本の首相として初めて平壌を訪れ、金正日総書記と会談をおこない、日朝平壌宣言を発表したが、国交はまだ樹立されていない。文中の空欄に入る最も適切な人名を答えよ。

(慶應義塾大)

☐1 小泉純一郎

☐2 地方財政の強化は、2001年のある内閣の誕生による「三位一体の改革」でようやく議論されることとなる。この内閣を組閣した人物は誰か答えよ。

(立教大)

☐2 小泉純一郎